불안의 시작과 끝

-심리치료 초상: 리사 이야기-

불안의 시작과 끝

심리치료 초상 : 리사 이야기

안네리제 우데-페스텔 저 | 오현숙 역

LISA, "WOHIN MIT MEINER ANGST?"
: PORTRÄT EINER PSYCHOTHERAPIE

학지사

역자 서문

인간이 생존하기 위해서 그리고 자기를 지키기 위해서 부정하고 감추어야 했던 과거의 기억이, 또는 스스로도 인지하고 정의할 수 없던 시기, 그 삶의 초기에 얻은 기억이 얼마나 우리 내면 깊숙이 자리 잡고 있으면서 우리에게 존재의 위기와 삶의 근원적 열망을 일깨우는지를 리사 이야기를 접하고 나서 깨닫게 되어 참으로 놀랍다.

삶의 기본 열망이 절망이 될 때 '불안이 지난 자리에 우울이 온다'는 말을 그리고 그렇게 세상의 빛이 꺼진다는 말을 하고 싶다.

불안, 우울, 외상, 강박, 망상, 정신분열 등 인간이 겪는 크고 작은 많은 증상이 인간의 어떤 근원적 위기감 및 생존 본능과 관련되어 있는지 새삼 다시 깨닫게 된다.

이 심리치료 기록은 정신분석 심리치료자는 물론이고 모든 심리상담 및 심리치료자에게 내담자/환자의 고통을 다루기 위해 갖추어야 하는 필수적인 태도, 그 개방성과 깊이 있는 관심이 무엇인지 알게 할 것이다. 치료자로서 거쳐야 할 진실된 자기탐색의 고통이 무엇인지도 깨닫게 할 것이다. 상담 및 심리치료 실무를 하는 전문가에게는 가히 필독서에 가깝다.

정신분석적/분석심리학적 심리치료를 접해 보지 않은 일반인들에게는 심리치료에 대한 희망과 용기를 불어넣어 줄 것이다.

2022년 11월

오현숙

"오직 고통을 관통하고 그것을 변화시키는 사람만이 성장할 수 있고, 점차 진정한 인간됨으로 성장한다."

—헤르만 헤세(Hermann Hesse)

"심리치료자의 세심한 인도를 통해 불안과 죄책감의 삶에서 벗어나는 한 젊은 여성의 감동적인 심리치료 이야기"

리사 이야기는 출생 시와 아동기에 심각하게 외상을 입은 한 젊은 여성의 가슴을 울리는 감동적인 심리치료 이야기이다. 그녀의 삶은 남편의 갑작스러운 죽음 이후 심리적으로 완전히 와해될 것 같은 위기감을 조장하는 불안과 죄책감이 지배하고 있다.

깊은 공감과 선경지명을 지닌 심리치료자의 안내로 리사는 그녀의 극심한 죽음과 유기 불안의 원인을 발견하게 된다. 고통스러운 기억의 재현 속에서 그녀는 점차 과거를 현재로부터 분리하고 자신의 삶을 위해서 새롭게 미래로의 방향을 설정하는 데 성공하게 되었다.

차례

역자 서문 _ 5

첫 만남   11

리사의 이야기   73

심리치료   113

오직 너에게

에두아르트(Eduard)

자신을 속이는 두 가지 유형이 있다.

하나는 아닌 것을 믿는 것이다.

다른 하나는 맞는 것을 믿지 않는 것이다.

−쇠렌 키르케고르(Sören Kierkegaard)

삶에서 중요한 것은 우리에게서 조건화된 것을 인식하고

우리의 도식을 통찰하여 더 나은 것으로 바꾸는 것이다.

그것들은 우리가 새로 짜거나 고쳐야 하는 그물과 같다.

그것이 우리 삶의 과제이다.

이것들은 인간으로서 성장을 의미한다.

우리는 일생 동안 다양한 수준의 교육에

많은 힘을 소비한다.

어찌하여 새로운 수준의 지식과 경험을 얻기 위해

더 이상의 힘을 사용하지 않는가?

−뷜리게스 예거(Williges Jäger)

첫 만남

자, 이제 다 했다…….

리사는 그녀의 작은 차를 주차했다. 조심스러운 발걸음으로 오래된 돌판 포장도로를 가로질러 왔다. 매번 중간 높이의 구두 뒷굽이 울퉁불퉁한 돌판의 한가운데에 놓이도록 애를 쓰면서…… 오른쪽과 왼쪽을 번갈아 가며 살피면서 어떤 방향으로 계속 가야 할지 망설이며 쉽게 가지 못했다. 그녀는 늘어선 집들의 번지수를 읽으며 가려 했다. 코트 주머니에서 끄집어낸 쪽지를 바라보며 결국 멈춰 서 버렸다.

이 집이었나? 이 두 개의 높은 전등이 달린 아름다운 고택?

그래! 10번이었어! 리사는 그녀의 시계를 보았다. 아직도 8분이 남았다! 그녀는 기다리고자 했다. 그리고 폭넓은 코트로 마른 체형을 감싸며 좀 더 단단히 여몄다. 그때는 습하고 어두운 겨울밤이었다. 리사는 자작대는 전등들의 따뜻한 불빛을 바라보았다. 촛불 같은 빛들이 오래된 도로에 내려앉는 모양들을.

그녀의 생각은 끝도 없이 그리고 지침도 없이 원 속에서 돌고 돌았다. "세 가지 좋은 것이야." 그녀는 생각해 냈다. "오래된 도로, 고택 그리고 오래된 전등. 3은 좋은 숫자야." 의미가 느껴졌다. "이것은 움직임, 전진 그리고 발달을 나타내는 거야. 그리고 여기에 두 가지가 들어맞아." 그녀는 예를 찾았다. "아빠, 엄마, 아이. 믿음, 사랑, 소망. 그래, 3은 수수께끼를 풀어 주는 숫자야." 해방이라도 된 듯 그녀는 깊은 한숨을 내뱉는다. "3은 좋은 징조야."

주택의 출입문으로 가는 길은 오래된 돌계단으로 이어졌다. 그녀는 계단을 세었다. 여덟 개였다. 그녀는 다시 숫자의 상징에 사로잡혀 멈춰 섰다. "8은 행운의 숫자야. 가장 중요한…… 이것은 숫자 4처럼 질서와 대칭을 보여 주는 만다라[11]를 지배해." 계속해서 그녀에게 단테의 『신곡』에서 신이 '8층

첫 만남

에' 산다는 것과 그것은 '사람들은 여덟 번째 대문을 통해 죽음을 향해서 신성한 나라로 걸어간다'는 것을 의미한다는 것이 머릿속에 떠오른다.

그녀는 내적인 강박에 쫓겨서 모든 것을 더 잘 생각해야만 한다고 생각하면서 동시에 문패를 찾아냈다. 그녀는 읽었다. 안나 필라티(Anna Pilati). 그렇다. 그녀는 옳게 왔다. 그녀는 이 사람과 약속했다. 다시 그녀는 시계를 본다. 이제 4분 남았다.

조심스럽게 대문에 몸을 기댄다. 이제 그녀를 위해 모든 것이 행해진 이때 그리고 그렇게 많은 노력으로, 그렇게 많은 엄격함으로 도달하고자 한 목적이 바로 눈앞에 있는 지금, 갑자기 침투하는 생각이 있다. "희망하건대, 필라티 선생님(심리치료자)이 실망하지 않았으면 좋겠다."

그렇지만 그녀가 생각한 모든 것이 너무 불투명했다. 실제로 더 이상 아무것도 알 수 없을 만큼 안개처럼 뿌옇다. 왜 그녀가 필사적으로 필라티 선생님과 대화하고 싶어 했는

---

1) 만다라: 명상을 자극하는, 안에 상징적 형태의 원 또는 사각으로 이루어진 문양을 말한다.

지……. 고통스러운 자신감의 상실이 그녀를 엄습했다.

리사를 갑자기 그렇게 억누른 것은 대체 무엇이었을까? 그것은 불안 같은 것이다. 불안. 아무것도 가진 게 없는 손으로 안나 필라티 앞에 서게 되는 불안. 그녀는 허둥대며 자신의 작은 서류 가방을 열었고, 한 묶음의 종이를 만져 확인했다. 그래. 그녀는 여기 모든 것을 갖고 있다. 잘 준비되었다. 다시 그녀는 시계를 보았다. 아직도 2분이 남았다.

추웠다. 그녀는 몇 걸음을 걸었다. 그리고 발아래 마른 낙엽이 부딪히면서 바스락거리는 소리를 느꼈다. 그녀는 이 소리를 점점 더 집중해 들었다. 결국 그녀는 그 소리가 자신의 온몸을 관통하는 느낌을 받았고, 발의 압력에 의해서 언젠가는 생생했던 나뭇잎의 마지막 형태가 부서질 때 놀라움에 떨었다.

'이 과거.' 그녀는 생각했다. '이 멈출 수 없는 과거.' 오싹한 찬기가 등줄기를 타고 흘렀다.

이제 7(7시)이 되었다. 정확한 7이다.

얼어붙은 겨울밤 낡은 종탑 시계의 종 치는 소리가 금속성 울림으로 퍼졌다. 조심스럽게 리사는 그녀의 길고 가는 검지를 초인종 위에 올렸다. 망설였다. 30초만 기다리는 게 낫지

첫 만남

않을까? 초 단위로 정확한 것은, 그것은 좋지 않으니까.

그러나 이제 때가 되었다. 출입문이 열린다. 필라티 선생과 리사가 서로 마주 보고 선다. 나이로는 아마 스무 살 정도 차이가 날 것이다. 리사는 필라티 선생에게 첫 번째 인사말을 건네는 데 머뭇거린다. 다만 몇 초였지만 억제적인 침묵 속에서 그녀는 경직된다. 생각들이 불쑥불쑥 올라온다. '그것은 곧.' 그녀는 생각한다. '지금 이건 문 앞에 서 있는 리사야. 이건…… 하느님, 내가 어떻게 이렇게 헷갈릴 수 있죠? 나는 아주 완전히 다른 이미지, 내 안에 그렇게 완전히 다른 리사 이미지를 갖고 있어요.' 그녀 안의 한 목소리가 급히 흥분하며 요구한다. "고쳐, 고쳐." 그리고 벌써 자기 안의 항상 매우 재빠른 대필가가 리사의 새로운 이미지를 그리기 위해서 움직이기 시작한다.

약간 강하고 각진 선들이 이제 부드럽고 유연하게 변해 마르고 키가 큰 형태를 둘러싼다. '조심해, 대필, 조심! 지금 리사의 새 얼굴을 그릴 때 표면만 그렇게 해! 네가 지금은 그런 그녀를 보고 있지만 아마도 앞으로 새로운 얼굴을 많이 그려야만 할 테니까. 그래, 그녀는 소녀 인상이야, 나이는 몇 살 더 훌쩍 지났지만…… 30대 말에서 40대 초반? 소녀처럼 부드러운 얼굴이다. 그러나 턱은 아니야! 그것은 좀 튀어나왔 어. 극한을 향해 돌진하는 정도는 아니지만, 그러나 역시 용 감한 그리고 전사 같은, 아마도 그보다 더…….'

리사가 이 사고의 흐름을 중단한다. "죄송합니다. 제가 시 간에 맞지 않게 왔나요? …… 제가 잘못 알았나요? 제가 리사 입니다."

"아니에요. 아닙니다. 당신은 정확한 시간에 오셨어요. 어 서 오세요."

안나 필라티는 차갑고 약간 습기 있는, 조금은 떨고 있는 손을 맞잡는다. "들어오세요. 리사 페트로……? 아, 잠깐만 요, 당신의 성씨가 정확히 무엇이었죠?"

리사는 방어적이다. "저는 당신에게 그것으로 부담을 주고 싶지 않아요. 제 성은 너무 길어요. 저를 그냥 리사라고 부르 세요. 제가 전화로도 당신에게 이미 그렇게 말했죠. 저는 개 인적 질문 때문에 온 게 아니에요. 그저 다만…….."

안나 필라티가 그녀의 말을 끊는다. "알아요! 알아요, 리사."

리사가 약간 놀라며 응답한다. "미안합니다. 정말 미안합 니다. 필라티 선생님, 제가 전화할 때 매우 고집스러웠죠. 제 가 당신을 그렇게나 많이 압박했군요."

첫 만남

'신이 아시죠. 당신이 정말 그랬어요.'라고 안나 필라티는 생각한다. 그러나 그녀에게 이렇게 확인해 주는 것은 분명히 잘못일 것이다. 리사가 스스로 그녀의 끈질긴 고집에 대해서 언급하기 때문에 안나 필라티 안에서 원래 일어났던 인상과 느낌이 점차 사라진다. 그래서 이제 완전히 편견 없이 말할 수 있게 되었다. "리사, 고집이 좋은 목적으로 인도하면, 그러한 면을 가진 걸 감사할 수 있을 겁니다."

리사는 아직도 코트를 입은 채 그대로 서 있다. 외양은 더 할 나위 없이 산뜻하지만 그녀의 움직임은 분명히 무거움에 갇혀 있다. 그래서 안나 필라티는 무엇보다도 먼저 그녀에게 용기를 주어야 할 것이다. "코트를 벗고 편히 앉으세요."

"아!" 안나 필라티의 머리에 지나가는 생각이 있다. '얼마나 무거운, 보이지 않는 무게를 그녀가 지니고 다닐지, 그것이 그녀의 새로운 행동을 어렵게 할 것이다. 그녀는 생각 속에서도 쉽지 않을 수 있다. 모든 것이 작동의 깊은 통로를 갖고 있다.'

"제 고집, 집착이 무엇을 뜻하는지 모르겠어요." 리사는 자리에 앉기 전에 말한다.

"제가 저항을 느낄 때면, 그러면 그때는 실제로 저는 전사가 되어요. 때때로 거의 광적으로 말이죠."

안나 필라티가 미소 짓는다. "제 생각에 당신은 광적이라는 말을 저와는 좀 다르게 이해하고 있는 것 같아요. 그러나……."

안나 필라티는 그녀의 문장을 끝까지 말할 시간이 없다. 리사가 갑작스럽게 서두르며 그녀의 얇은 서류 가방에서 한 묶음의 종이를 꺼낸다. "당신의 시간을 너무 많이 빼앗지 않기 위해서 제가 여기 가장 중요한 질문들을 적어 왔어요. 이것들은 모두 제가 활활 불이 붙을 만큼 뜨겁게 관심을 두고 있는 순수하고 전문적인 질문들이에요. 그리고 제가 기꺼이 당신과 이야기할 수 있었으면 하는……."

리사가 종이들을 펼친다. 그리고 '오, 하느님 맙소사.' 안나 필라티는 거대한 질문 리스트를 발견한다.

"그런데 이것들이 가장 중요한 것만 모은 것들이라고요, 리사?"

리사는 서둘러 종이들을 다시 단단히 서로 겹쳐 만다. "실제보다 더 나쁘게 보일 거예요. 그렇지만 한 질문의 답이 여러 다른 것을 해결할 수도 있어요."

거의 무력하게 그녀의 시선이 안나 필라티의 따뜻하고 밝

첫 만남

은 밤색 눈의 표정을 기웃거린다.

"좋아요, 리사. 일단은 먼저 커피 한 잔 마시는 게 어때요?"

리사가 저지한다. "진심으로 감사합니다, 필라티 선생님. 하지만 저는 차라리 마시지 않는 게 좋겠어요. 저는 항상 조심해야 하거든요. 제 심장이……." 그녀는 자신의 심장에 커피를 허용해도 되는지에 대한 의심을 표현하는 머리 동작을 하며 문장을 끝낸다. "웬걸요, 한 잔은 기꺼이 드세요."

안나 필라티가 방을 나가자 리사는 가볍고 탄력 있는 흔들의자에 미끄러져 앉는다. 다리를 뻗고 머리를 뒤로 젖힌다. '얼마나 훌륭한 가구란 말인가! 그리고 이렇게 멋진 방이라니!' 그녀는 생각한다. '그리고 모든 게 끝없이 넓구나. 전 세계가 이 방에 보존되어 있는 것 같다.' 그녀의 시선이 벽난로 장식 위에 서 있는 고수에게로 가서 멎는다. 그것은 왼발을 공중에 쳐들고 완전히 균형을 맞춰 날아갈 듯 높이 올린 오른손으로 북을 치고 있다.

그녀는 마력적으로 소용돌이치는 북소리를 듣는다. 그리고 고통스러운 그리움을 느낀다. '아, 먼 동방에서 온 고수 씨, 내가 당신에게서 뭔가 아주 조금 얻을 수 있다면, 당신의 자유, 당신의 힘, 당신의 삶의 기쁨, 한마디로 당신을 그 모습

그대로 있게 하는 어떤 것에서 아주 조금, 그 이상은 절대 더 바라지 않고, 그저 아주 조금만 얻을 수 있다면…….'

그녀는 눈을 감는다. 그리고 열린 벽난로의 불꽃이 탁탁거리거나 바작거리는 소리를 듣는다. 심취해서 불타는 나뭇가지의 익숙한 향내를 깊게 들이마신다. 먼 어린 시절의 그림들이 눈앞에 떠오른다. 아이들과 함께 벽난로 앞에서 사과를 굽기에는 아주 드문 경우를 빼고는 거의 시간이 없었던 어머니에 대한 그림들이…….

안나 필라티가 다시 리사 앞에 앉는다. 커피는 그녀에게 좋은 효과가 있는 것 같다. 리사에게 설문지를 가지고 작업을 할 만큼 관계가 편안해졌음을 느낀다. 아니면 거의 신성하게 작용하는 진지함이 얼굴에 나타나는 그녀의 이 변신은 리사 스스로 한 일일까?

안나 필라티가 말한다. "제가 기꺼이 질문들을 하려고 생각하고 있어요. 사실 좋은 질문들이에요. 사람들이 곧바로 대답할 수 없을 때에도 계속 도움이 되는 것들이니까요."

그러나 리사는 침묵한다.

"그런데 제게 대답을 하기 전에." 안나 필라티가 미안해하는 미소로 계속한다. "개인적인 질문에 먼저 대답해 주세요.

첫 만남

혹시 심리치료를 당신의 직업으로 삼을 생각이신가요?"

리사가 저지한다. "아니, 아니에요. 절대로 아니에요. 그러나 심리치료가 제게는 매우 흥미롭다고 말해야 할 거예요. 그것은 뭔가 제게 취미 같은 게 되어 버렸어요. 그러나 제가 매우 진지하게 다루는 취미이죠. 아마도……." 리사가 머뭇거린다.

"그래서요?"

"네, 아마도 또한……." 그녀는 생각에 잠겨 계속한다. "제가 이 분야에 많은 경험을 쌓았기 때문에, 저는……."

그녀는 더 이상 말하지 않는다. 다만 얼마간 무력하게 그녀의 입술을 꽉 다문다.

불을 보듯 명확하다. 그녀는 자기 안에서 밖으로 밀치고 오는 모든 것을 방어하고 저지한다. 아주 미비한 시작부터, 오로지 아주 작은 돌멩이가 움직일지라도 그 시작부터……. 그런 다음에는 거대하게 뭉쳐진 양의 눈사태가 일어나는 것 아닌가?

"개인적인 질문은 어떤 것도 언급하고 싶지 않아요."라고 그녀는 계속 반복해서 그리고 강조해서 전화로 말했다. 그런데 안나 필라티가 대화에서 오직 이론적인 질문에 관한 어떤 적당한 의미도 발견하지 못했기 때문에 그녀가 먼저 이에 대해 저항한 것이다. 그러나 리사는 포기하지 않았다. 그리고 결국 안나 필라티는 그녀가 양보할 만큼 이 명백히 고집스러운 추동이 얼마나 중요한 것인지 이내 느껴졌다. 계속해서 리사가 설정한 오늘 대화의 진행 규칙이 여기서 분명해졌고, 둘은 이것에 대해 주의할 것이다. 어떤 개인적인 질문도 하지 않는 것!

리사가 시작한 문장을 계속하지 않기 때문에 안나 필라티가 그녀를 격려한다. "그러면 어떤 질문으로 시작하겠어요, 리사?"

리사가 대답하는 데 시간이 걸린다. 그리고 말한다. "원래 저는 발달에 대해서 당신과 기꺼이 말하고 싶었어요."

"좋은 주제예요."

"그래요. '발달'이라는 말은……." 리사가 생각에 잠긴다. "어떤 살아 있는 것이 한 단계에서 다음 단계로 그리고 계속해서 마지막으로 가능한 단계까지 자신을 펼친다는 뜻을 포함하고 있지요, 다시 말해 뭔가로부터 밖으로 펼쳐져 나오는."

"그렇죠, 리사. 독일어는 (이렇게) 표현이 매우 풍부하지요."

이제 리사는 아마도 매우 중요한 자신의 생각을 시각적으

첫 만남

로 보여 주려는 듯이 종이들을 서로 떼어 펼친다. "지금과 같아요, 보이시죠? 필라티 선생님, 지금 우리는 발달된, 곧 밖으로 펼쳐진 종이 묶음을 보고 있어요. 그리고 이제……." 그녀는 다시 모든 것을 겹쳐 감는다. "이제는 다시 한 개의 안으로 말린 종이 뭉치가 되었네요."

"아주 생생하게 보이는군요."

리사는 계속해서 설명한다. "이것들이 온전히 또는 단지 어떤 특정 단계까지만 펼쳐져 있든지 또는 감겨 있든지 간에 모든 발달 단계에 그 전 두루마리 종이 묶음의 전 단계가 동시에 포함되어 있다는 것에는 아무런 변화가 없어요."

"의심할 여지가 없어요, 리사. 그렇지만 무엇에 대해 계속 설명하고자 하는 거지요?" 그녀는 자신이 돌려 말하는 것에 대해서 사과한다. 그러나 미동도 없이 계속 말한다. "성인은 아이에게서 밖으로 펼쳐진 것이지요. 그래서 성인은 곧 펼쳐진 아이라고 말할 수 있어요. 그리고 아이는…… 당연히…… 아직 안으로 감긴 성인이죠, 밖으로 나가듯이 안으로."

"네, 그렇게도 볼 수 있겠군요."

"그리고 상관없어요, 필라티 선생님. 발달이 얼마나 많이 진전되었는지는. 아이까지, 아니면 청소년 또는 성인까지

인지……. 항상 모든 단계에 동시에 온전한 인간이 담겨 있어요."

"그래요, 리사. 성인은 자신 안에 그의 온전한 과거 역사를 지니고 있지요. 그가 그것을 대부분 의식하고 있지는 않지만."

리사는 이 따뜻한 시선 속에서 갑자기 이완되고 격려됨을 느낀다. 깊은 숨을 내쉬며 그녀가 말한다. "필라티 선생님, 때때로 성인은 자기 안에 아직도 항상 괴로워하는 아이를 어디든 끌고 다니죠."

"그렇죠. 유감스럽게도 너무 자주 그렇게 되지요."

리사가 여기에 대해 침묵하자 안나 필라티는 다시 한번 "유감스럽게도 너무 자주 그렇게."라고 반복해서 말한다. 이 순간에 리사의 시선이 생각 없이 방 안을 헤매다 그녀의 얼굴 위로 힘든 미소가 어린다. 그러다 그녀는 다시 종이 묶음을 손에 쥔다. 움직임 없이 그녀의 시선이 그녀가 우연히 작성했을 질문 카탈로그의 한 지면 위에 고정된다. 마침내 그녀가 시선을 들고 묻는다. "할 수 있을까요, 필라티 선생님? 사람이 정말 성인의 나이에 아동기를 지울 수 있을까요?"

"지운다고요, 리사? 뭔가 완전히 일어나지 않은 것으로 만

첫 만남

든다고요? 소위 백지 상태로? 아니죠, 리사, 아니에요. 그렇게 생각하지 않아요. 그렇게 되지 않지요. 그러나 아동기의 고통이 심각하게 각인된 것이 아니라면 그리고 그것이 또한 민감한 생애 초기에 형성된 것이 아니라면, 즉 태아기나 출생 시, 영아기 및 아동 초기가 아니라면, 자연은 항상 이러한 고통에 대해 다시 보호막을 덮을 시도를 하지요. 사람들은 이것을 '억압'이라고 합니다. 그러면 마치 고통이 사라진 것처럼 느껴집니다. 모든 것이 아주 잘 지나갑니다. 특히 후속 운명이 온화하여 이 보호막에 정도 이상의 부담을 주지 않는다면 말이지요."

"그러면, 잘 지나가게 되지 않는다면 말이죠, 필라티 선생님. 너무 많은 고통이 생의 가장 이른 시기에 가해졌을 경우에는요? 그러면 그 덮개가…… 당신이 말하는 그 보호막이 덜 우호적인 운명에 의해서 부담을 받게 될 경우에, 과도하게 부담을 지게 될 경우에는요? 그러면요, 필라티 선생님? 그럼 대체 무엇이?"

이 질문, 리사의 입술에서 어렵게 새어 나오는 이 질문이 안나 필라티를 가슴 깊숙이 움직인다. "그럼 대체 무엇이?"라고 말하면서 드러나는 슬픔이 명백한 그녀의 목소리. 그렇지만 그녀는 지체하지 않고 대답한다. "정직하게 말해서 리사, 이 질문은 우리를 끝없는 노정으로 이끌 거예요. 그것을 당신도 알죠."

리사는 안나 필라티에게 분명한 신호를 알리는 시선을 보낸다. 불안의 신호. 둔중한 무게를 진 듯 오직 천천히 내려왔다 올라가는 눈꺼풀이 때때로 번개처럼 파르르 떨면서 보이는 불안의 신호. 그녀의 얼굴 위로 모든 투지를 두고 피곤함이 어린다.

안나 필라티는 생각한다. '내 앞에는 코르크 마개 뽑이처럼 다리를 꼰 채로 아직도 계속 괴로워하는 한 아이가 앉아 있다. 자신을 질문과 질문으로 덮인 종이 묶음 안에 가두어 둔 채. 그녀는 지금 대체 내게 무엇을 시도하였는가? 어떤 우연인가? 파도의 힘으로 어떤 해변에 던져진 한 조각 나무토막처럼?' 아니다. 그런 우연을 그녀는 믿지 않는다. 물론 모든 사람은 다른 사람에게는 한 미지의 땅이다.

해석은 위험하다. 리사는 '개인적인 질문은 안 된다.'라는 구호를 이 대화를 위해 완전히 강박적으로 제안했을 것이다. 그녀에게는 이것을 위한 분명한 이유가 있다. 그래서 이것은 주의해야만 한다. 또한 회피해서도 안 된다. 그녀가 던진 질

첫 만남

문들은 가능한 한 아주 잘 답변되어야 한다.

"그래요, 이제…….." 리사는 한 뜸을 들인 후 시작한다. "그래요, 이제…….." 그러나 곧바로 급작스럽게 말을 쏟아 낸다. "만약…… 홍수처럼…… 한 인간이 불안에 의해 전복된다면…… 받아들일 수 없고, 아마도 때로는 기억할 수도 없는, 때때로 점점 무거워지는 우울에서처럼 점차 눈덩이처럼 커져 가는, 그래서 사람을 완전히 움직일 수조차 없게 만드는…… 사람을…… 그렇죠, 완전히 못 박아 버리는 그런 불안에 의해…….." 그녀는 중단한다. 그렇지만 그녀는 분명 시선 접촉을 구하고 있다. 그것으로 새로운 시작을 위한 용기를 얻기라도 하려는 듯이……. 그녀는 작은 목소리로 계속한다. "그러면 그런 일이 일어나면, 전혀 출구가 없잖아요…… 예외적으로." 그녀는 말끝을 올린다. "예외적으로…….."

"그래서요, 리사?"

리사는 머리를 약간 흔든다. "아니에요. 차라리 제게 이렇게 물어보세요. 언젠가 과거로의 그 힘든 길이, 어린 시절을 다시 기억하게 하는 그 길, 과거의 불안 경험을 다시 재현시키는 그 길이 성공할 수 있을 것인가? 그래요. 저는 묻고 싶어요. 그것이 성공을 보장할 수 있는가? 아직 사용 가능한 소지하고 있는 모든 힘을 그 길에 쏟아부을 경우?"

"성공을 보장한다고요?" 안나 필라티가 나지막이 반복한다. 그리고 생각에 잠긴다. '보장한다고?' 일종의 의심을 표현하는 이 반문이 리사를 불안하게 하는 것 같다. 그리고 안나 필라티가 그녀의 질문에 대한 최종적인 답변에 어느 정도 책임이 있기라도 하듯이 그녀는 쫓기는 템포로 계속한다. "당연히, 당연히 시간이 걸릴 거예요. 그러한 길을 위한 많은, 많은 시간이…… 아마도 4년, 5년, 또는 더 많은 해가 그리고…… 당연히 집중적인 분석적 꿈 작업의 과정이 동반되어야만 하겠지요."

"결국 꿈이 분명 무의식으로 가는 직접적 길일 테니까요. 사람들은 그것을 제대로 해석할 수 있는 상징들을 알아야만 해요. 그것의 원래의 깊은 진술을 이해하고 초기 어린 시절의 불안과 연결시키며 이를 통해서 점차 자신을 더 잘 알아야만 하는 거지요."

그녀는 뒤로 기댄다. 그리고 잠시 손가락으로 머리의 관자놀이를 누른다. "완전히 어려운 과정은 사람이 혼자서는 아무것도 성취할 수 없다는 것이죠. 항상, 물론 무의식적으로 그의 과거로부터의 오랜 정서를 다른 사람에게 전이하니까.

첫 만남

그리고 맙소사." 그녀가 손바닥으로 이마를 친다. "사람들은 절대 몰라요, 단지 좋은 분석가만이 이것을 의식화하도록 만들 수 있죠……. 하지만, 아, 용서하세요. 제가 너무 말을 많이 하고 있군요. 질문을 다시 한번 드릴게요. 정직한 분석적 작업, 즉 초기 어린 시절의 체험을 재기억하는 것, 불안 등의 과정이 회복을 가져올까요? 그리고 우울과 불안신경증을 해소해 줄까요?"

대답 대신 안나 플라티는 묻는다. "당신이 재기억의 과정을 이야기하는 거라면, 리사, 당신은 지금 이성에 따른 기억을 말하는 것이지요? 이성에 의해서 실행되는, 그래서 잊힌 체험을 다시 기억으로 불러내는 작업 말이에요."

"어째서죠? 필라티 선생님, 어째서 단지 이성에 따른 기억이지요? 이해할 수 없군요. 어째서 제가 오직 이성의 도움으로만 저의 과거의 잊힌 체험을 기억해야 하는 거지요? 왜 단지 그렇게?"

"저는 이 '단지'라는 말을 하찮게 여기지 않아요, 리사. 당신의 질문으로 되돌아온다면 오직 이성에 따른 기억만이 또한 약간의 경감을 가져다줄 수 있어요."

참지 못하고 리사가 응답한다. "오직 약간의 경감이라

고…… 오직, 필라티 선생님, 오직 약간이라고요?"

"오직 그래요, 리사. 더는 아니에요. 체험의 기억은 표면에 놓여 있어요. 정신의 치유과정으로부터 멀리 떨어진 표면 위에. 결정적인 것은 특정 체험을 통해 생성되고 그와 함께 입력된 정서에, 상처에, 고통에 접근하는 것이죠."

"당연히 저 또한 물론 그것을 말한 것이지요. 사건, 그 사실만이 아니라 그것과 연결된 정서까지 다시 기억되어야만 하겠지요. 저 또한 그것을 말한 것입니다."

"기억인가요, 리사? 아니면 체험인가요?"

"그러니까 당연히 서로 중복되는 것이지요, 필라티 선생님!"

"그러면 과정이 잘 진행될지도 모르겠군요. 그러나 제가 좀 더 명확하게 설명해 보지요. 괴로움, 불안, 고통을 다시 기억하는 것과 다시 체험하는 것은 서로 완전히 다른 과정입니다. 재체험은 사람 전체를 지배하는 일이지요. 그러나 재기억은 아닙니다. 재체험이 의미하는 것은 그 단어가 말하듯이 어느 정도 다시 삶을 뒤로 되살리는 것이지요."[2]

---

2) 역주: 체험(Erleben)이라는 독일어는 어근을 따져 직역하면 '살아서 얻다/겪다'이므로 재체험(Wiedererleben)은 '다시 살아서 겪다'가 될 수 있다.

첫 만남

리사는 침묵한다. 그리고 안나 필라티는 생각의 과정을 계속한다.

"이성의 도움으로 다시 불러낸 기억은 착각하는 것일 수 있어요. 환상의 영향으로, 오해석으로, 소망과 방어의 경향성으로 그리고 많은 다른 것의 영향으로 말이지요. 기억들은 종종 오류를 제한하기가 쉽지 않지요, 그러나 체험은 아니에요. '내가 그때 체험한 것을 말로 표현할 수가 없어.'라고 우리가 말할 때 체험이란 모든 것을 포괄하는 것이기 때문이죠."

리사는 침묵한다. 그녀는 많은 질문이 실린 그녀의 종이 묶음을 움켜쥔 두 손 안에 꽉 붙들고 있다.

안나 필라티가 계속한다. "아마도 제가 당신에게 표현하고 싶은 이미지를 가지고 더 분명하게 해 드릴 수 있을 거예요. 상상해 보세요. 당신의 몸 어딘가에 고통이 가해졌지만 당신은 그것을 느낄 수 없도록 마취되었어요. 그리고 이제 사람들이 당신의 이성에게 당신의 몸에서 마취된 고통의 자리를 다시 찾도록 과제를 주는 겁니다."

"어떻게 생각하세요, 가능할까요? 정신적인 발병에서도 유사합니다. 그것 또한 마취된 고통에 책임이 있습니다. 무엇보다 바로 억압되고 그것을 통해 무의식이 된 정신의 고통에 말이죠."

리사는 침묵한다.

"이성으로 고통을 재발견하지는 못합니다. 당신은 다만 그 것을 다시 느낄 수 있어요. 깊게 억압된, 과거 아동기의 괴로움을 사람들은 생각해 낼 수 없어요. 현재는 전혀 생각을 떠올릴 수 없습니다. 다만 감지해 낼 수 있지요. 우리의 언어는 모든 것을 아주 간단하고 직접적으로 표현합니다. 제가 가령 '어떻게 생각하세요?'라고 질문한다면, 제가 당신에게 행복한지 묻는다면요? 그럴 경우 어떻게 사람이 이성적인 분석만 할 수 있겠어요? 더 나아가 어떻게 오직 이성적인 해석으로 정신의 고통을 치유할 수 있겠어요?"

리사는 침묵하고는 한참 후에 말한다. "그러니까 다른 말로는, 이성은 그렇게 중요하지는 않다는 거지요?"

"물론 그렇지 않아요, 리사. 사람이 오직 생각만으로, 오직 이성적인 분석만으로 정신의 고통을 해소할 수 없다는 것을 이해하기 위해서는 이성이 필수적입니다. 그것은 오직 감지 (감정 인식) 속에서, 울어 냄을 통해서 이루어집니다. 곪아 가는 상처 또한 고통을 표현하기를 그리고 스스로 다시 완전히 치유될 수 있도록 울어 내기를 시도하는 것입니다. 분명한

첫 만남

것은 정신의 상처를 치유하는 과정은 결정적으로 더 복잡하다는 것입니다. 왜냐면 상처들이 무의식의 깊고 어두운 층에 놓여 있기 때문이지요. 그러나 당연히 치유체계 또한 근본적으로 같은 것입니다. 정신과 신체는 하나의 동일 단위입니다. 서로 분리될 수 없는 것이지요. 그 때문에 정신의 고통은 동시에 신체적 영향을 받는 것입니다. 그러나……." 안나 필라티는 책을 가지러 다녀온다. "많이, 훨씬 더 좋은 것은 제가 지금 말하고자 하는 것일 수 있어요. 헤르만 헤세가 그의 경이로운 언어 속에 표현한 것이죠."

그녀의 손가락이 책의 뒷면으로 미끄러진다. "여기에도 이미 쓰여 있군요. 『황야의 이리』에서 헤세가 하리 할러(Harry Haller)에게 말하게 합니다. '내가 내 고통과 정신적 질병과 마법에 걸린 것 그리고 신경증의 원인과 관계들에 대해서 가장 영리하고 통찰력 있게 말할 수 있다면 좋겠습니다. 그 구조는 제게 훤히 보였습니다. 그러나 제가 절망적으로 원하는 것은 지식과 이해가 아니라 바로 체험이었습니다.'" 안나 필라티가 책을 옆으로 치운다.

적중한 듯 리사는 눈을 든다. 그녀의 눈 가득 습한 너울이 처져 있다. 그러나 눈은 한층 커져 있고 불안과 용기를 동시에 담고 있다. 그녀는 살짝 몸을 앞으로 굽힌다. 지금까지의 모든 질문을 중요하지 않았던 것처럼 만드는 한 질문에 대한 대답을 아주 분명히 듣기 위해서 안나 필라티에게 좀 더 가까이 가려는 듯.

"필라티 선생님, 제발 당신이 할 수 있는 만큼 통합적으로 제게 질문에 답해 주세요. 제게는 그것이 당신이 짐작하는 것보다 더 중요해요."

"통합적인 대답이 가능할 수 있는 만큼 최대한으로 제가 답변해 보도록 하지요."

리사가 말한다. "그러면 그 전 분석과정과 해석, 상징 및 꿈의 의미 분석 등이 결국 아무것도 아닌 것, 순전히 전혀 아무것도 아닌 것이 되나요?"

"그것이 아무것도 아닌 것이 될지, 리사! 순전히 전혀 아무것도 아닌 것이 될지 아닐지는 정신분석과 관련된 다른 많은 요인에 의해서 좌우됩니다."

"그리고 필라티 선생님, 그러한 것들이란……?"

그러나 그녀는 바로 답을 얻지 못한다.

"그리고 그러한 것들이란……?" 리사는 고집스럽게 되묻는다.

첫 만남

안나 필라티는 왼손을 오른손 위로 겹쳐 엄지로 그녀가 지닌 유일한 보석인 손가락의 작은 반지를 만지작거린다. 불타는 목탄의 색채를 담은 그 선명한 붉은색 광석 반지를 그녀가 좋아하는 것 같다. 이것은 그녀의 전 존재 속에 그리고 무의식적인 손의 움직임에 스며들어 있는 듯하다.

"보세요, 리사. 모든 것이 우리가 생각하는 것보다는 훨씬 더 쉽지 않습니까? '심리치료'라는 단어는 종종 아주 높은 수준의 다양한 욕구 상태를 만들어 내죠. 그것은 믿음을 꾀어낼 수 있고요. 마치 그것만이 심리적 과정을 진행시킬 수 있는 것처럼 말이지요. 물론 그것은 현실적으로 맞지 않아요. 제 마음을 움직이는 것은 모두 조화, 협력일 거예요. 그림을 바라볼 때, 책을 읽을 때, 별이 빛나는 하늘을 감탄하고 바라볼 때, 역시 또 주변 사람들의 움직임을 바라볼 때 이 모든 것과의 접촉이 우리가 살아가는 내내 태어나서 죽을 때까지 심리적 과정을 진행시키는 것이지요. 대부분 이 과정은 우리의 의식 밖에서 일어납니다."

"제가 말하고 싶은 것은 이것이에요. 일종의, 특히 이성에 따른 분석이 무조건 그 어떤 것도, 절대 아무것도 가져다주지 않는다는 말은 아닙니다. 그것이 사람 간의 애정과 함께 일어난다면, 안전하다고 느끼고 그래서 이와 함께 동시에 힘이 성장한다면 그리고 물론…… 또한 희망이……. (그럼 다르죠.)"

리사는 뭔가 결심한 듯 보인다. 턱을 앞으로 내밀고 묻는다. "입력된 무의식적 고통이 정확히 무엇이지요, 필라티 선생님?"

"……그것은 육체적 그리고 정신적 상처입니다. 그리고 여러 형태로 일어나지요. 영아는 가령 아주 작고 아주 무력한 존재입니다. 스스로는 한 번도 자신에 대해 알릴 수 없지요. 그 작은 머리를 한 번 들 수도 없어요. 영아는 아무것도 말할 수 없습니다. 내 안의 세계와 밖의 세계를 분리할 수도 없어요. 모든 것이 어둡고 흐리고, 피부와 목소리와 시선의 신호를 통해서만 생명의 구조 밧줄에 달린 것처럼 자신을 발달시킬 수 있잖아요. 계속해서 영아 자신에게 모든 것이 맡겨진다면, 즉 영아가 사랑하는 엄마에게서 집중적으로 받을 수 있는 발달의 결정적 도움을 얻지 못한다면, 그러면 결과적으로 스스로 자기 자신에게 귀속되고, 정신적으로 생장이 정지되게 되는 것이지요."

"아니면 가정 안에서 애정 박탈과 폭력을 당하고 있기 때문에 항상 무기력과 불안감 속에 빠지게 되는 한 아이를 생

첫 만남

각해 보세요. 그 모든 것이 엄청난 고통을 유발하지요. 태아기의, 출생상의 그리고 말했듯이 초기 영아기의 고통 체험은 더 크고 그 때문에 더 깊게 각인되지요. 오래 지속되는, 아마도 출생 시의 죽음의 공포는 일생 동안 입력되어 유지됩니다. 일반적으로 더 일찍 고통이 형성될수록 그 효과는 더 운명적이니까요. 보세요, 리사, 이성은 아직 발달하지도 않았어요. 그래서 아이에게는 정서 차원에서 일어나고 있는 것을 파악하고 이해하고 정리할 수 있는 가능성이 없어요.

"그것은 아직 천성적으로 잘 정비되지 않았군요. 필라티 선생님."

"그건 이렇게 설명할 수 있어요. 느끼는 것과 생각하는 것은 서로 다른 시간대에 탄생한 우리 안에 있는 두 자매이죠. 그럼에도 샴쌍둥이처럼 서로 의존적이에요. 느끼는 감정 영역은 세상의 빛을 먼저 바라보지요. 그리고 훨씬 늦게서야 생각하는 영역이 행합니다. 생각 영역이 태어날 때 느끼는 감정 영역은 아마 이미 아주 많은 고통을 입력했을 거예요. 거기에 대해서 생각하는 영역은 전혀 알지 못하지요."

"아마도 비유적으로, 설명을 위해 플라톤의 아름다운 그림을 좀 더 짧게 사용할 수 있겠군요. 그 두 개의 영혼의 말에 대한 그림 말이지요. 그 두 말이 서로 일치해서 달린다면 이들은 기수인 이성에 의해 좋은 목표로 인도될 수 있을 것입니다. 그런데 두 영혼의 말인 감정과 생각이 서로 사이가 좋지 않다면 그로 인해 이 둘은 서로 분열될 것이고, 따라서 서로를 감지하지 못할 것입니다. 그러면 말 기수는 속수무책이지요. 말들은 그와 상관없이, 즉 이성 없이 무자비하게 비참함 속에서 달려갈 것입니다.

오직 느낌(감정)과 생각의 상호 협동 속에서 삶은 잘 지배될 수 있지요."

"제가 감정을 항상 먼저 말하는 것은 사고가 두 번째 순위이기 때문은 분명 아닙니다."

"보세요, 리사. 깊은 층에 저장된 고통이 이성에 접근할 수는 없지만 그럼에도 생각 속에서 그것은 행패를 부리게 됩니다. 그래서 처음에 사고력과 무의식적 고통이 상호작용할 때, 곧 고통이 다시 재체험될 때 사고력, 즉 이성이 제대로 기능하고, 이와 함께 이성이 가능하게 되는 것입니다. 그러면 비로소 말의 기수는 두 개의 말을 그가 가고자 하는 방향으로 이끌 수 있는 것이지요."

"아이고, 아이고, 그게 정말 모두 너무 복잡하군요. 그러나

첫 만남

물론 또 매우 흥미롭군요."

안나 필라티는 계속한다. "사고력(오성)으로 귀환! 무의식적 고통으로 미치지 않기 위해서 이성은 가장 미친 짓을 허용합니다. 흡연을 통해서 그리고 알코올, 약물, 마약 남용을 통해서 몸이 망가지거나 아예 소멸되는 것을 허용합니다. 고통 앞의 도주 가능성에는 끝없이 많은, 예를 들어 신체 질병으로의 도주, 정도 이상의 고독 또는 무차별적으로 쫓아다니는 만남, 기괴한 생각 또는 많은 형태의 광기도 있습니다. 그리고 수동적 태도로의 도피, 그래서 더 이상 어떤 것에도 책임지지 않으려는 것, 또 도주와 아마도 중독까지, 즉 일, 권력 또는 섹스를 향한 중독 말이죠. 어디에 하나의 또는 다른 것의 극단을 넘어서는 경계가 있는지 각자 오직 자기 스스로 발견할 수 있지요."

"고통은 좁히고, 안으로 움츠리게 하고, 그리고 문을 닫습니다, 리사! 여기에 딱 맞는 토머스 듀어 경(Sir Thomas Dewar)의 멋진 영국 속담이 떠오르는군요. '마음은 낙하산과 같다.' 그것들은 오직 열려 있을 때만 기능하니까요. 투과성과 개방성의 이정표적 의미를 프레데릭 베스터(Frederic Vester)[3]가 잘 설명해 주지요. 그에 의하면 '오직 개방된 시스템만 생명력이 있습니다'."

"여기에 신체 조직의 예가 있습니다. 세포의 막이 딱딱해
지면 세포는 더 이상 투과되지 않고, 또 더 이상 다른 세포들
과 상호작용할 수 없습니다. 그래서 죽지요. 다른 말로 오직
개방된 시스템만이 생명력이 있습니다."

안나 필라티는 몸을 일으킨다. 벽난로를 향해 할 일이 있
는 듯 걷는다. 화염에 새로운 먹이를 주기 위한 것이다. 리
사는 안나 필라티가 여러 층으로 나무토막을 불꽃 위에 놓는
것을 하나의 좋은 신호로, 곧 자신의 마지막 질문에 대한 답
변에 아직 얼마큼 시간이 남아 있다는 신호로 본다.

역시 안나 필라티는 자신의 생각을 아직 끝내지 않았다.
그녀는 방 안 가운데에 선 채로 있는데, 팔꿈치를 약간 들어
올려 펼친 손바닥을 보인다.

"그리고 우리는 이런 장애를 우리의 크고 작은 세상사와
대인관계에서 끊임없이 보게 되지 않나요? 이성이 이 두 개
의 말을 지휘 없이 속히 몰아대는 일이란 가능하지 않습니

3) Frederic Vester, 사고에 관한 미개척지(*Neuland des Denkens*). Muenchen:
Deutscher Taschenbuch Verlag, 1999.

첫 만남

다. 우리의 기회는 곧 이름하여 '이성'입니다."[4]

"인간은 고통을 겪습니다. 외상을 당하고, 특히 무엇보다
도 유아기에서 유래하는 고통을 통해서 개인적으로 깊은 고
통을 겪습니다. 그 밖에도 전쟁과 난리와 기아와 가난으로
일어나는 무의식적인, 깊이 눌러앉은 고통과 불안의 집단 외
상에 의해 지배당합니다. 이 외상은 종종 세대에서 세대로
전이됩니다."

"비참하게도 당사자는 오직 고통스러운 것만이 아니라, 의
식으로부터 단절된, 느껴지지 않는 고통이 위험한 보상행동
을 만들기까지 합니다."

"무의식의 고통이 깊을수록 부정적 보상은 훼손성이 더욱
커집니다. 그것은 종국에는 파괴, 곧 자신을 파괴하거나 타

---

4) Eduard Pestel, 우리의 기회는 이성이다. 미래 사회를 위한 학습(*Unsere Chance
heißt Vernunft. Lernen für die Welt von morgen*). Braunschwig:
Westermann, 1982 참조.
무력감을 겪으면 어떤 대가를 치르고서라도 힘을 얻는 데 목적을 두는 경
우가 많다. 얻어맞은 상처가 보복을 향해 노력하게 하고 아니면 최소한
그 전 단계를 향해, 즉 전투 정서나 전투 태세를 향해 노력하게 한다. 이
관계에서의 비극은 보상과 보복을 향한 이 공격이 대부분 원래의 외상과
는 전혀 관계가 없는 인간이나 다른 생명체에게 가해진다는 것이다.

인을 파괴하는 데에 이르게 되죠. 이러한 부메랑은 개인에게 또는 인류 전체에 되돌아옵니다."

안나 필라티는 그녀의 화초에 다가가서는 여기저기서 시든 꽃잎들을 떼어 낸다. 여기 이 커다란 붉은 꽃은 먼저 짧게 개화했을 것이다. 아주 조용히, 완전히 저절로. 발달은 그렇게 소리 없이 일어난다. "그래요, 리사." 그녀는 결국 다시 그녀 앞에 앉는다. "당신은 제게 질문이 있어 왔어요. 어떠신가요? 지금도 아직 남은 질문이 있나요?"

"저는 아주 기꺼이 당신 말을 경청했어요, 필라티 선생님. 저에게 있어 많은 것이 더 분명해졌어요. 그리고 만약 선생님께서 좀 더 시간이 있다면 고마울 것 같은데요."

"저는 시간이 있습니다, 리사."

"아주 좋아요." 리사는 부드럽고 넉넉한 등받이에 기분 좋게 머리를 기댄다. 그녀의 생각은 안나 필라티의 이름을 주제로 빙 돌고 있다. '여인의 존재의 중요한 특성이 얼마나 경이롭게 이 두 단어로 이루어진 이름 안에 포함되어 있는 것일까? 그 어둡고 밝은 (두 개의 상반된) 톤들이 말이다. 안나 속에는 평정과 균형, 단순함이 그리고 필라티 속에는 확실히 밝은 경쾌함과 활기찬 힘이 포함되어 있다. 평정 속에서 항상

첫 만남

다시 운동이 일어나고 이 두 개의 극단 사이에서 이것들은 서로 당기고 있다. 이 안나 필라티라는 이름은 얼마나 오래되었을까? 50대 후반? 60대 초반? 풍성한 은빛 머리칼이 둥그런 얼굴을 감싸고 부드럽게 매듭이 지어져 묶여 있구나.'

안나 필라티 또한 생각을 계속한다. '그녀의 두루마리 종이는 리사에게 더는 중요하지 않게 되었다. 바로 그녀가 그것을 가방 안에 다시 집어넣었다. "아마도 질문의 답변은 다른 많은 것을 배제하는 것이 되겠죠."라고 그녀가 처음에 말했다. 그녀는 지금도 마음에 많은 질문을 갖고 있을까?'

리사는 회의감을 느끼면서 그 말에 집중한다. 그러나 동시에 다시 마치 사죄하듯이 말한다. "미안합니다. 필라티 선생님. 하지만 한 가지는 제가 도저히 상상할 수가 없네요. 아마도 당신은 제게 분명하게 하고 싶으시겠죠. 제가 무엇을 통해서 지나간 날의 재경험이 대체 어떤 것인지 알 수 있단 말이죠? 그러니까 제가 가령 38년 전에 경험한 고통 때문에 운다고 할 때 어떻게 제가 그게 그렇다는 것을 아는 거죠? 여기에는 어떤 논리적인 증거도 전혀 없는 것 같습니다. 제게 여기에 대한 뭔가를 말씀해 주실 수 있나요? 그리고 당신은 또한 난산은 각인되는 외상일 수 있다고 하셨어요. 외상 또는 당신이 말씀하시는 것처럼 재경험되는 고통 말이죠."

"어떻게 체험을 하든 사람들이 논리적으로 증명할 필요는 없습니다. 그것은 그냥 간단히 알게 됩니다. 우리 안에 이미 입력되어 있으니까요. 더욱이 우리의 짧은 인생 너머로 계속 전수된다는 것, 나는 이것을 믿죠. 의심할 여지가 없어요. 입력 없이 어떻게 진화할 수 있었겠어요? 하지만 제가 과거 외상의 재경험에 대해, 그것이 어떻게 되는지 설명해야 한다면 저는 항복해야만 합니다. 그것은 단어로는 기술할 수 없기 때문이죠. 제가 그것을 시도한다면 그건 제게는 지금 들려드릴 이야기의 바이올린 연주자와 같은 것이 되겠죠."

"한 바이올린 연주자가 무대에 서 있습니다. 깊은 추동으로 가득 차서 그의 앞에 앉은 모든 사람에게 음악의 체험을 전달하고자 합니다. 그들 모두는 음악을 모르기 때문이죠. 그들은 인생에서 음악이란 것을 거의 들은 적이 없습니다. 연주자는 음악으로부터 점점 더 치유의 힘을 얻습니다. 그는 음악을 통해 변화되고 달라집니다. 그리고 그 때문에 사람들에게 음악의 체험을 가까이 가져다주려는 소망에 가득 차 있습니다."

"그러나 지금 그는 경악에 차서 확인하고 맙니다. 그가 빈

첫 만남

손으로 거기 서 있다는 것을요. 그에게는 연주를 할 수 있는 악기가 없습니다. 그는 무력감을 느끼죠. 그러나 포기하고 싶지 않습니다. 그리고 사람들에게 간청합니다. 계속해서 머물러 달라고 말이죠. 왜냐하면 그는 연주 대신 음악의 현상에 대해서 말로 설명을 시도할 것이니까요."

"이제 그는 할 수 있는 한 말을 잘하고자 합니다. 하모니와 불협화음에 대해서, 박자와 대위법에 대해서 등등. 그는 최선을 다합니다. 그런데 사람들은 집으로 가고 맙니다. 그들의 가슴, 그들의 정취, 그들의 영혼은 무감동으로 남습니다. 그들은 음악의 경이로움에 대해서 아무것도 체험하지 못했습니다. 모차르트, 베토벤, 브람스의 작품 속에 숨긴 마법의 힘에 대해서 아무것도 느끼지 못했습니다. 아무것도 말이죠! 체험은 말로 기술할 수 없는 것입니다."

리사는 몸을 움츠리고 있다. 그러나 다음 질문을 위해 곧 몸을 일으켜 세운다. 종국에는 다음과 같이 분명히 요구한다.

"그렇지만 필라티 선생님, 당신은 그 방법을 아마도 설명하실 수 있으실 거예요. 제가 어느 정도 그에 대한 감이라도, 그러니까 단지 매우 미약한 것일지라도, 어떤 상상이라도 얻도록 말이죠. 당신이 어떻게, 대체 어떻게……." 질문이 중단되었음에도 그녀는 손짓으로 그것을 계속 분명히 하고자 한다.

"당신은 내가 어떻게 행동할지, 우리가 그것을 '느낌의 과정'이라고 부른다면 그것을 어떻게 발동시킬지 알고 싶군요? 그것이 당신이 내게서 듣고 싶은 설명인가요?"

리사가 격렬하게 대답한다. "정확해요! 어떻게 하시는 거죠? 당신이 환자와 진행하는 (상담) 대화는 어떤 것입니까? 무엇이 당신의 언어이죠? 그것을 무엇이라 부르든 상관없어요. 어떻게든 그 대화가 치료의 핵심일 테니까요. 결국 모든 것은 거기에 달렸죠. 안 그래요? 대화가 근본적으로 유일한 치료자의 도구이죠. (상담) 대화란 어떤 것입니까?" 그리고 이제 그녀는 마음을 크게 열고 안나 필라티를 바라본다. 그것은 그녀의 이리저리 헤매던 배회의 온전한 고통과 출구를 향해, 방법을 탐색하기 위해 인상 깊게 나타난 그녀의 개방성이다.

안나 필라티는 고개를 끄덕인다. 그리고 생각에 잠긴다. 그녀의 엄지손가락은 반짝이는 반지의 보석 위에 가 머문다. "리사, 어떻게 제가 그 질문에 답할 수 있을까요?" 그러나 그것은 외려 스스로에게 던진 질문이다.

첫 만남

과거의 그림자는 리사의 마음을 사로잡고 있는 것 같다. 하지만 안나 필라티는 이 어둠 위에 되도록 많은 빛을 비출수 있다. 그래서 마침내 확고한 음성으로 계속 말한다. "대화는 언어보다 훨씬 그 이전에, 먼 이전에 시작됩니다. 그것은 우리에 의해서, 우리 안에서 우리 자신의 깊이 억압되었던 무의식적인 고통과 함께 시작됩니다. 그것은 가능한 한 정직하고 철저하게 진행되어야 합니다…….." 그녀는 주저하면서 "그리고 아마도 계속 그리고 또 계속 진행되어야 합니다. 치료자는 자기 스스로 자신의 무의식 속에서 '괴물'을 느끼고 인식할 때까지 가능한 한 자주 그리고 오랫동안 자신의 내면 속으로 뛰어들었음에 틀림없습니다."라고 말한다.

"그런 다음, 리사, 그러고 나서야 비로소 치료적 대화가 나타날 수 있습니다. 그때가 되어야 비로소 우리는 명실공히 치료자가 될 수 있습니다. 다른 사람의 고통에 대해 자신을 차단할 필요가 없고 오히려 그것을 허용할 수 있습니다……. 더욱 그 이상으로 그의 변화를 위해 도움을 줄 수 있습니다."

"개방된 시스템만이 생존할 수 있다는 '프레더릭 베스터'의 의미에서 심리치료를 이해한다면—그리고 저는 그 입장에 확신하고 있는데—무의식으로 인도하는 치료는 오직 이렇게 치료자가 환자를 진정으로 참여시키는 개방된 시스템에서만 가능할 것입니다."

두 사람은 침묵하면서 서로 바라본다.

"알아요, 리사." 안나 필라티가 이해의 미소를 띠며 말한다. "저는 당신이 대화에 대해서 더 많이 듣고 싶다는 것을 알아요."

"저의 마지막 질문입니다. 필라티 선생님." 미안해하면서 동시에 간청하는 무엇인가가 그녀의 얼굴에 드리워져 있다.

"에고, 리사. 제가 당신에게 대화에 대해서 말할 수 있는 것이 전혀 많지가 않아요. 아마도 그것은 이런 것일 겁니다. 우리는 매 순간 치료적 대화를 위해 노력해야 합니다. 그것을 감당하는 것은, 실제로 벌써 하나의 예술입니다. 그래서 심리치료는 과학보다는 오히려 예술로 분류해야 합니다. 물론 이것은 저의 생각입니다."

리사는 침묵한다. 그러나 그녀의 침묵의 방식이 대화를 계속 듣고 싶음을 느끼게 해 준다.

그래서 안나 필라티는 잠깐 쉬었다 계속한다. "우리가 인식하든 아니든, 리사, 우리의 정서는 끊임없이 변화되고 있습니다. 모든 살아 있는 것은 흐름 속에 있습니다. 인간은 시

첫 만남

간을 흐르는 것으로 지각합니다. 모든 과정은 흐르는 것이고 음악 또한 마찬가지이고 모든 것은 흐르는 것입니다. 헤라클레이토스(Heraclit)가 말하기를, 사람은 같은 강에 한 번만 들어갈 수 있습니다. 이 순간 당신을 에워싼 물은 다음 순간에는 이미 사라지고 다른 곳에 가 있을 것입니다. 심리치료 또한 매 순간 새롭게 시작됩니다. 결정적인 것은 환자의 현재 감정입니다. 이 순간의 감정이 치료자가 계속되는 발견을 위해 출발할 수 있는 유일한 진실이니까요. 그리고 대화는 끊임없이 변화하는 상황에서 항상 새롭게 발견되어야 하기 때문에 기술의 형식만으로는 전달될 수 없는 것입니다."

안나 필라티는 잠시 멈춘다. 어깨를 약간 으쓱했다가 조심스럽게 덧붙인다. "그래요, 리사. 제가 대화에 대해서 많은 것을 이야기할 수는 없다고 주장했죠. 그리고 지금 너무 오랫동안 그것에 대해 이야기했어요. 바로 그래요. 항상 다시 모순에 빠지죠."

리사는 갑자기 훨씬 분명해짐을 느낀다. 그녀가 눈을 마주쳐 온다. "그러니까 곧 사람들이 거기에 대해 많은 것을 말할 수 있는 거죠. 안 그런가요?"

"그것은 곧 당신의 좋은 질문이 만든 것이지요. 사람을 발전시키는 것은 항상 좋은 질문입니다. 그래서 우리는 질문을 너무 빨리 옆으로 밀쳐 버리거나 편리한 답변으로 무시하면 안 될 것입니다."

이 말은 리사에게 기분 좋게 들린 것 같다. 그녀가 좋은 미소를 보인다. "그런데요, 제발 계속해 주세요, 필라티 선생님. 제게 좀 더 심리치료에서 실제로 매우 중요한 대화에 대해 말해 주세요."

그녀의 눈에서 불타는 빛이 반짝인다. "진실을 발견하고자 하는 사람을 어떻게 도울 수 있을까요?"

안나 필라티가 눈썹을 들어 올린다. 그리고 생각에 잠겨 리사의 질문을 매우 작은 소리로 반복한다. "진실을 발견한다고요? 나이가 들면 사람들은 한 가지는 알게 됩니다. 우리 인간은 객관적 진실의 인식에는 특별히 소질이 없습니다. 그리고 그것의 탐색은 인간 본연의 과제라고 할 수 없습니다. 사람들은 아마 믿지도 못할 것입니다. 다만 사고를 통해서 그것을 찾아낼 수 있고 죄 또는 무죄, 정당함 또는 부당함에 관하여 결정할 수 있겠지요.

유용한 (치료적) 대화가 주관적 진실을 발견하게 되는 대화가 되려면, 분석과 해석에서 벗어나야 합니다. 동일한 것

첫 만남

이 꿈 작업[5]에도 해당되며, 투사[6]를 찾는 것에도 해당됩니다. 언어는 가령 치료에서 매우 위험한 것일 수 있습니다. 그런데도 불구하고 우리는 언어 없이는 출발할 수 없습니다. 그러나 알아야만 합니다. 그것이 도움을 주기보다 혼란을 줄 가능성이 있다는 것을 말이지요. 그것이 애초에 치료적으로 사용될 수 있을 때, 즉 신경증 조직의 긴밀한 결합을 의심하기 시작하고 서서히 운명적이고 고통스러운 얽힘의 도식을 형성하는 구조와 그 기본 생리를 볼 수 있을 때 말이죠. 언어

5) 역주: 꿈 작업은 프로이트의 개념이다. 자아가 잠든 사이 자아의 방어력이 약해진 틈을 타서 억압된 무의식적 추동이 의식의 표면으로 재현되려고 할 때 자아는 최소한 그 무의식적 추동, 곧 사회 또는 초자아(자기도덕 원리)에 의해 용납되지 못한 소망이 적나라하게 있는 그대로 드러나지 않도록 추동의 대상, 내용을 위장한다. 잠을 통해 방어력은 약해졌지만 자아가 완전히 상실된 것은 아니기 때문에 이것이 자아가 최소한의 방어를 사용하는 기제이며 잠을 계속 지키기 위한 자아의 힘이다. 꿈은 자아의 통제로 현실에서 충족되지 못한 무의식적인 소망 충족과 생활 잔재를 포함하고 있지만 자아의 꿈 작업을 통해 위장된 형태로 나타나기 때문에 해석이 필요하다.
6) 역주: 투사는 방어의 한 종류이다. 자기 마음속에 있는 (부정적) 추동을 자기가 아니라 다른 사람이 갖고 있다고 보고 원인을 다른 사람에게 돌리는 것이다. 도덕 원리로 기능하는 자기의 초자아 감시에 의해 용납되지 못하는 추동으로부터 자아가 자신을 보호하기 위한 방어 기제를 말한다.

는 톤과 맞는 '타이밍'이 결정적으로 작용할 수 있을 때 비로소 치료적으로 도입되어야 합니다. 오직 특별한 공감력이 있을 때 우리는 감행할 수 있습니다. 즉, 설명할 수 없는, 마법에 걸리거나 공상이라고 느끼는 고통스러운 상태의 측정할 길 없는 혼돈을 지닌 다른 사람의 내면세계를 헤아리는 것 말입니다."

오랜 침묵 후에 리사는 결국 말한다. "언어 없는 대화?"

"그에 대해선 리사, 예도 아니고 아니요도 아니에요. 차라리 무엇에 관한 것인지를 물어봐 주세요. 무엇에 관한 것이죠? 그것은 다만 억압된 고통스러운 정서를 다시 체험의 장으로 가져오는 것에 관한 것입니다."

"그리고 그런 다음, 실제로 아동기의 외상이 그 당시의 온전한 강도 속에 느껴진 다음에야 비로소 이성은 다시 활발해지고 이해력을 갖게 됩니다. 왜냐하면 그가 이제야 감각을 통해서 제대로 메시지를 얻고 그것을 제대로 정리할 수 있게 되기 때문입니다. 느끼는 것과 생각하는 것, 이 둘은 중요합니다. 그러나 올바른 순서로 이루어진다면 말이죠."

리사가 그녀의 옆에서 바닥 위에 놓여 있던 서류 가방을 집어 든다. "몇 가지 메모를 해야 하겠어요. 필라티 선생님.

첫 만남

제가 질문이 몇 개 더 있거든요. 아무도 어떤 것도 말하지 않는, 아무도 묻지 않고 그래서 또한 아무도 대답하지 않는 침묵에 대해서 어떻게 생각하세요? 이럴 때 원래 아무것도, 그 어떤 것도 전혀 일어나지 않죠. 때때로……." 그녀가 어깨를 으쓱한다. "때때로…… 영원처럼 고통스러울 것 같은 침묵에 대해서 어떻게 생각하세요? 이렇게 긴 침묵 또한 치료적 대화에 속하는 건가요?"

안나 필라티는 깊은 한숨을 쉬며 응답한다. "아, 네, 리사. 당신은 스스로 자신에게 답변을 내리는 용기가 있습니다. 당신은 물론 지금 그것을 알고 있지요, 그렇죠?"

리사는 종이 위에 연필로 둥글게 원을 그린다. 원과 원들이 생겨난다. "그렇지만 필라티 선생님, 제발 제게 대답해 주세요. 당신은 그런 침묵을 어떻게 생각하시나요?"

안나 필라티는 작열하는 장작들을 더 두텁게 쌓아 올리기 위해 타오르는 (페치카) 불가로 간다. 그리고 장작을 넣자 순식간에 부드럽게 딱딱 소리를 내며 불꽃 춤이 시작된다. 이제 그녀는 그것들을 더는 넣지 않는다. 그리고 리사의 질문에 짧게 대답하려고 시도한다. "무엇인가를 말해야 하는데 침묵한다면, 그것은 원래 침묵해야 하는데 말하는 것과 같은 잘못입니다. 여기 우리는 다시 양면을 가진 메달을 보는 셈이지요."

이제 그녀는 창가로 간다. 그리고 안개로 약간 뿌옇게 된 창문에 머리를 기대고 선다. "안개가 짙네요, 리사. 집이 먼가요?"

"멀지 않아요, 필라티 선생님. 전혀 멀지 않아요. 자동차로 30분 거리입니다. 전혀 멀지 않은 거죠."

그리고 안나 필라티가 계속해서 방 가운데에 서 있으며 그로써 그녀에게 대화가 끝났음을 신호하자 리사가 몸을 일으킨다. 그녀가 서류 가방을 겨드랑이에 밀어 넣는다. 그리고 약간 당황스러운 미소로 간청한다. "단 하나의 마지막 질문입니다, 필라티 선생님. 정말로 마지막입니다."

"네?"

"프로이트가 꿈이 무의식으로 가는 직접적인 방법이라고 말했나요?"

"네, 리사. 프로이트가 그렇게 말했습니다. 그 천재적인 프로이트가 말이죠. 그것이 또한 그렇습니다. 그래서요?"

"그런데 당신은 말하지 않았습니다. 아니면 제가 당신을 잘못 이해했나요? …… 당신이 꿈은 분석되거나 해석되어서

첫 만남

는 안 된다고 말하지 않았나요?"

"순서, 리사. 순서가 중요합니다."

안나 필라티가 방 가운데 서 있는 동안 리사는 탁자 모서리에 몸을 약간 지탱시킨다.

"보세요, 리사. 우리가 대체 무엇 때문에 꿈을 꾸나요? 우리가 가령 무언가를 배워 알고, 무언가를 이성으로 인식하기 위해 꿈을 꾸나요? 우리는 논리적 사고의 맥락에서 꿈을 꾸고 있는 건가요? 꿈은 그 메시지를 이성에 전달합니까? 아니면 우리는 태어나서부터 죽을 때까지 매일 밤 계속해서 근본적으로 다른 이유로 꿈을 꾸나요, 리사?"

"그것이 바로 제가 말하는 점이죠. 우리는 상징 속에 꿈을 꿉니다. 그것이 꿈의 언어이고 그 때문에 우리는 그 상징을 알아야만 할 것입니다. 그리고 그 때문에 우리는 물론 그것을 분석하고 해석하는 것을 비켜 갈 수 없습니다. 이성의 도움 이외에는 달리 방도가 없습니다."

안나 필라티는 그녀에게 반박한다. "이성은 잠을 자는 동안에는 깨어 있지 않습니다. 그것 또한 잠을 자는 동안에는 잠이 듭니다. 따라서 메시지가 담긴 꿈은 처음에는 이성을 향하지 않습니다. 꿈은 처음에는 이성에게 아무 말도 하려

하지 않습니다. 그저 잠을 잡니다. 대신 꿈은 무의식적인 정신적 재료를 더 위의 의식의 단계로 운반합니다. 평형을 이루기 위해서이죠. 그렇게 우리는 꿈을 꿉니다. 거의 항상 상징 속에서. 당신이 옳아요. 그것이 꿈의 언어입니다. 상징은 말하자면 큰 상자, 작은 상자, 운반 차량입니다. 상징을 담고 운반되는 내용은 해소되지 못한 정서입니다. 아마도 두려움, 불안, 걱정일 수 있고, 아마도 어제의 또는 아마도 더 먼 과거, 영아기나 출생 시기 또는 출생 이전의 시기에서 온 정서일 것입니다. 꿈은 미스터리입니다, 리사. 그것을 이해하기 위해서는 우리가 먼저 그것을 다시 느껴 보아야 합니다. 그런 다음 우리는 그것을 이성의 도움을 통해서 비로소 해석할 수 있습니다. 그러나 조심스럽게!"

이제 그녀는 리사를 향해 한 걸음 다가간다. 작별의 시간이 왔다. 리사는 안나 필라티에게 손을 내민다. 상당히 성급하게, 마치 그녀가 아직 내부에서 준비되지 않은 일을 스스로 강요해야 하는 것처럼. 그러나 그녀는 새로운 질문을 하고 싶은 고집스러운 추동에 굴복하기 전에 떠나야만 한다.

"안녕히 계세요, 필라티 선생님. 매우 감사드려요. 많은 것이 더 분명해졌어요. 그렇지만……?" 그녀는 묻는 듯이 목소

첫 만남

리를 높인다.

"많은 것이 해명되지 않고 남아 있죠, 리사. 그리고 그것은 계속해서 남아 있게 될 것입니다."

안나 필라티는 리사의 가볍게 떨리는 길다란 마디의 손을 두 손으로 감싸 쥔다. "집에 잘 돌아가세요."

"고맙습니다. 필라티 선생님."

둘은 침묵하면서 출입문으로 간다. 그러나 리사는 어둠 속으로 나가기 전에 다시 한번 몸을 돌린다. "그리고 만약 다시 해명되지 못한 질문이 떠오르면 제가 다시 한번 와도 되겠습니까?"

그녀는 안나 필라티가 대답을 주저하고 있음을 느낀다.

"당신이 저를 이해해 주셨으면 좋겠어요. 질문이 해명되지 못한 채 있으면 저는 너무 괴로워요."

"이해해요, 리사. 그러나 답변들이 당신을 개선시키지는 않을 거예요. 다시 연락 주세요. 당신이 원한다면."

나가는 길에 리사는 80cm 높이에 걸려 있는 두 개의 포스터가 있는 문에서 갑자기 멈춰 섰다. 그녀는 큰 소리로 그림 위의 표제를 읽는다. "유토피아적인 희망의 원칙은 늑대와 양이 서로 사랑으로 껴안을 때만 비로소 실현된다." 리사는

〈유토피아의 원칙〉, 미카엘 마티아스 프레시틀
(Michael Mathias Prechtl), 1985

(참고: 이 그림은 저작권법으로 보호됩니다. 오직 내용을 설명하기
위해 「저작권법」 제51조에 맞게 그림 인용으로만 사용됩니다.)

첫 만남

두 개의 그림을 오랫동안 바라본다. 그리고 안나 필라티에게 묻는다. "왜 이 두 개의 그림을 여기에 거셨어요? 뭔가 깊은 의미가 있지 않을까요?" 그녀는 대답한다. "이 그림들은 제가 당신과 이야기했던 것을, 어쩌면 몇천 개의 단어가 필요했을 수 있는 것을 아주 분명하게 보여 준다고 할 수 있겠죠. 이 그림의 화가는 캔버스에 가져온 것에 대해 제가 한 것과는 분명히 다른 생각을 가지고 있었을 것입니다. 그것이 바로 예술에서 경이로운 것이죠. 누구나 그것을 완전히 개인적으로 해석해도 되고 그렇게 할 수 있습니다. 우리의 해석은 아마도 원래 예술가가 표현하려고 했던 것을 더 넘어서기도 할 것입니다."

이제 리사는 천천히 늑대와 양의 그림을 더듬기 시작한다. "늑대는." 그녀가 말한다. "영리하고 전혀 두려움을 주지 않네요. 반면, 양은 다소 희미한 눈과 전체적인 표정이 완전히 다른 세계에서 온 것 같아요. 늑대의 눈은 빛이 나고 멀리 보고 있네요. 반면, 양의 눈은 마치 베일에 가려진 것처럼 무표정하군요. 그는 아주 멀리 보지는 못하겠습니다…… 아하." 잠깐 쉰 다음 그녀는 천천히 생각에 잠겨 말한다. "우리가 느끼는 것과 생각하는 것에 대해 이야기했죠. 그리고 여기……."

"그림에는 포옹이 있습니다. 아마도 사랑에 빠진 포옹입니다. 두 동물은 매우 가까이 있습니다. 너무 가까워서 서로의 숨결을 느끼는 것처럼 보입니다. 희망은 곧 둘이 사랑으로 포옹할 때야 비로소 가능해집니다." 반짝이는 눈으로 그녀가 계속한다. "아~ 사고와 감정이 하나가 되면, 서로 분리되지 않는다면, 그러면 그때 비로소 인간은 온전해지고, 그러면 그때 가서 사랑이 가능해진다고 말할 수 있겠네요. 그러면 그때 비로소 이성이 제 역할을 할 수 있겠군요. 그 이전에는 안 됩니다. 그 이전에는 전혀 가능하지가 않아요." 그녀가 다시 말을 꺼내기 전, 다시 잠깐의 침묵이 생긴다. "양은 무의식을 의미하는군요. 그 거대한 어두운 왕국, 모든 정서의 저장고죠. 불안들과 고통과 온 외상들과 같은……. 늑대는 이성을 의미해요. 정리하고 통합하고 그런 일을 하는 데 능력이 있죠. 이 그림에서 늑대는 양이 그의 언어로 말하는 것을 사랑의 포옹 속에서 들을 준비가 되어 있어요. 즉, 늑대에게 그가 경험했던 것을, 어쩌면 늑대, 곧 이성이 이미 태어나기 전부터 체험했던 것을 전달할 수 있겠지요."

여기에 안나 필라티가 덧붙인다. "제 생각에 이 그림의 메시지는 '너 자신을 알라'에 해당되는 의사소통을 말하는 것입

첫 만남

〈조련의 기적〉, 리샤르트 뮐러(Richard Müller), 1911
[에칭, 삭소니아(Saxonia) 갤러리 소유의 원본 핸드 프린트 복제]
© Galerie Saxonia, Muenchen.
인쇄 허가에 대해 갤러리에 감사드린다.

니다.”

리사가 안나 필라티의 손을 잡는다. “얼마나 강한 진술이 이 그림에 숨어 있는지, 필라티 선생님! 이런 것을 느끼게 된 것이 정말 기쁘고 감사합니다. 그런데…….” 그녀가 다음 그림에 주의의 시선을 보낸다. “이 그림은 대체 무엇이죠?”

“이 그림이 놀랍지 않나요? 가면을 쓰고 손에 채찍을 든 검은 광대가 팽팽한 밧줄 위로 물고기를 몰아냅니다. 이 그림 또한 제가 볼 때 결정적인 것을 담고 있습니다. 이것은 감정과 생각 사이에 일치가 없어서 사랑의 포옹이 일어나지 않는다면 그리고 일어날 수 없다면, 벌어질 일을 보여 줍니다."

"그리고 그것은 제가 충분히 반복할 수 없는 것인데, 바로 억압된 것이 의식에 올라오려고 할 때 발생하죠. 자신의 상처를 들여다볼 수 있을 때 말이죠. 그것은 분명히 여기서 일어나지 않았습니다. 따라서 무의식적인 감정은 사악한 게임, 파괴적인 게임, 속박과 무시의 게임, 네, 그래요, 폭력 게임을 할 수 있습니다. 이 게임의 심연에는 고통으로부터의 도피가 숨어 있습니다. 이것이 자기파괴로 치달을지 또는 다른 존재를 파괴시킬지에 대한 질문은 남아 있습니다. 덧붙여서, 모든 파괴는 근본적으로 자기파괴입니다. 소크라테스가 이미 지적했듯이 말이죠."

"보세요, 리사. 이 그림은 광대가 자신의 무력감을 힘으로 둔갑시키는 무대를 보여 줍니다. 그리고 우리가 계속 생각해 본다면, 저 자신의 내적 문제를 은폐시키기 위해 도처에서 전쟁터가 만들어지고 있지 않습니까?" 그리고 그녀가 신중하게 덧붙인다. "……얼굴에 가면을 쓰고 손에 채찍을 들고 다른 사람을 꼭두각시로 만드는 사람들에 의해서 말이죠? 한

첫 만남

번 상상해 보세요. 물고기는 밧줄 위에서 균형을 잡아야 합니다! 광대의 내면에는 없는 균형이 다른 생명체를 도구화함으로써 그런 어처구니없는 방식으로 달성되고 있습니다. 아, 얼마나 불쌍한 물고기인지……. 그의 생명의 요소는 바로 물인데 물고기는 바로 이 물에서 분리되었으며 이것이 의미하는 바는 결국 그가 생명수에서 차단되었다는 것입니다."

"첫눈에는 이 그림이 재미있게 보일 수 있지만, 이것은 전혀 우습지 않습니다. 아니에요. 슬프고 더욱이 잔혹하기까지 합니다. 제 견해로는 우리는 여기에서 우리 앞에 있는 완전한 소외의 상징을 보는 것입니다. 이것이 말하는 것은 특히 자기 자신에 의한 소외입니다. 그리고 이것은 크든 작든, 내적이든 외적이든 오직 파괴적으로만 작용할 수 있습니다."

"사실 이 그림 〈조련의 기적〉이 더 극적으로 보여 줄 수는 없습니다. 자각과 이해의 빛을 향한 발걸음이 행해지지 않았을 때, 사람이 자신의 고통을 관통하지 않고 그것을 변화시키지 않는다면 일어날 수 있는 일을 말하는 것입니다. 오직 이 발걸음이 감행되었을 때에서야, 바로 헤세가 아름답게 표현한 것처럼 고통에서 기쁨과 승리가 나옵니다. 승리는 진정한 인간됨을 향한 급성장의 변화 속에 있으며, 이는 궁극적으로 더 크고 포괄적인 삶의 관계에 봉사하는 것입니다."[7]

잠시 정적이 흐른 뒤, 리사는 안나 필라티의 손을 잡는다. "당신에게 감사드려요. 아주 많이 감사드려요."

안나 필라티는 즉시 문을 닫을 수 없다. 그녀는 리사를 '다시 보고 싶은 사람'이라고 생각한다. 리사는 울퉁불퉁한 길을 건넌 후 다시 돌아서서 재빨리 손을 들어 "다시 뵈어요." 라는 신호를 보낸다.

* * * * * *

리사가 집에 도착했을 때, 그녀는 편안했다. 그렇다. 그녀는 오늘의 경과에 만족할 수 있다. 안나 필라티와의 대화를 고집스럽게 유지한 것은 참 옳은 일이었다.

이런 생각과 함께 그녀는 큰 정원에 둘러싸인 그녀의 작은 집 안으로 들어섰다. 이웃집들에 불이 켜져 있다. 그녀는 서둘러서, 코트를 벗기 전부터 어둠을 몰아낸다. 어디든 할 것

7) 나는 이 그림들을 선사한 우연에 감사한다.

첫 만남

없이 모든 방이 밝아야만 한다. 열쇠를 그녀가 지정해 둔 자리에 놓는다. 이런 질서를 유지하는 것이 그녀에게는 매우 중요하다. 그렇지 않으면 중요한 것들을 다시 찾기 위해 항상 많은 시간을 소모해야 하기 때문이다.

'도대체 내 삶이란…….' 그녀는 생각한다. '내 삶은 결국 항상 균형을 잃고 다시 회복하는 싸움 중에 있다.'

자동차 열쇠를 내려놓으면서 퍼뜩 그녀가 거의 20년 동안 무사고 운전을 했다는 생각이 스쳤다. 그럼에도 불구하고 운전을 할 때면 항상 사고가 날지도 모른다는 강박적인 상상이 새롭게 일어나곤 한다. 갑작스러운 정면충돌이나 또는 산간 도로를 지날 때는 전복되는 상상이 매 순간 무력하게 침투한다. 그녀는 생각한다. '하지만 나는 점차 깨달았지. 내가 차를 운전할 수 있다는 것을…….'

그녀가 창밖을 바라본다. 그렇다. 이웃들이 집에 있다. 그림자 같은 움직임들이 커튼 뒤로 보인다. 그들에게 한번 건너가 볼까? 안나 필라티 외에는 오늘 거의 누구와도 이야기한 적이 없다. 그러나 그러기에는 이미 너무 늦었다. 벌써 8시 반이다. 그녀는 팔짱을 낀다. 집이 서늘하다. 히터를 더 올리는 것이 좋을까? 아직 해 볼 가치가 있나? 이런 질문들을 반복해서 던진다. "아니야. 나는 지금 사실 자러 가야 해. 내일 아침 일찍 일어날 수 있으려면." 내일은 도서관에서 할 일이 참 많다. 학술 서적들을 모두 재정리해야 한다.

그렇지만 그녀가 자러 가기 전에, 차라리 안나 필라티와 함께 작성한 모든 속성 메모를 다시 정서하고 모든 것을 다시 잘 생각해 보는 것이 나을 것이다. 그래서 그녀는 책상에 앉아 그녀의 서류 가방에서 그녀가 스케치한 것을 다시 끄집어낸다. 연필을 집어 안나가 자주 한 말 뒤에 단호하게 느낌표 세 개를 붙인다. 거기에 적혀 있다. "순서는 중요하다. 먼저 느낀다. 그리고 생각한다. 생각은 바로 분석하는 것이고 해석하는 것이다." 이 문장의 의미를 더 잘 인식하기 위해서 그녀는 반복해서 읽는다. "먼저 느끼고, 그다음에 생각한다."

이제 약간 떨리는 손으로 감싼 그녀의 얼굴에 절망이 나타난다. "이것이 바로 그거야." 그렇게 생각한다. "그것, 바로 나는 오직 곱씹고, 곱씹고 그리고 생각할 수 있어."

그녀는 숨을 고르려고 노력한다. 그런 다음 그녀는 남편 렌하르트를 생각한다. 근 10년 전에 그와 결혼했다. 물론 행복한 결혼생활이었다. 그녀가 그와의 끊임없는 분리로 고통받는 것을 제외하고는. 그는 오래전에 다시 미국으로 대형

첫 만남

콘서트 투어를 떠났다. 렌하르트는 영재 피아노 연주자이다. 그녀는 그와 함께 떠났을 수도 있다. 결혼 초기 몇 년 동안 그녀가 종종 그랬던 것처럼. 그러나 그녀가 그와 함께 대형 콘서트 투어를 떠났을 때나 혼자서 여행을 떠났을 때도 그녀는 집에서 거리가 멀어질수록 완전히 버림받은 느낌에 압도되었다. 이 위기감이 절정에 이르면 구토를 동반한 오래 지속되는 편두통이 일어났다. 그러면 그녀는 제시간에 어두운 호텔 방으로 되돌아오고 그녀의 불행에서 가까스로 뚫고 나올 수 있을 때 감사했다. 하지만 이와 함께 그녀는 남편의 전 프로그램을 뒤죽박죽으로 만들었다. 그래서 언젠가부터 그녀가 원래 마음속 깊이 사랑했던 사교성과 사람들 그리고 풍성함의 온전한 세상 같은 이 여행을 포기했다. 이 두 개의 극단, 원하는 것과 할 수 없는 것 사이에서 그녀는 극도로 불안하다. 그리고 해결 방법이 없다.

그녀의 손이 마비된다. "무엇을, 무엇을 대체 이 불안감을 가지고 무엇을? 언제 이것이 끝날 것인가? 대체 언제 끝날 것인가. 이 미칠 것 같은 불안이?" 때때로 그녀는 자신의 뇌를 직접 들여다볼 수 있는 것만 같다. 그리고 거기에 수천 배의 진동 속에서 항상 새로운 해결책이 탐색되고 있는 것처럼 느껴진다. 이미 평생 동안 그러했다.

　이때 그녀의 절친인 비올라에게 전화를 걸 수 있다는 생각
이 떠오른다. 그녀가 몽유병에 걸린 것처럼 잘 아는 전화번
호로 전화를 거는 동안 그녀는 반대편 거울에서 자신을 발견
한다. 그녀는 자기 모습의 조용한 언어에, 그녀의 눈에 깊숙
이 쓰인 비참함과 아직 젊은 얼굴의 긴장되고 너무 이른 주
름에 충격을 받는다.

　비올라는 다행히 집에 있다. "그래, 비올라. 나는 이미 한
시간 전에 안나 필라티 선생님에게서 돌아왔어……. 그래, 그
녀는 네가 말한 것처럼 아주 신뢰감을 주는 사람이더라…….
아니, 나는 그녀에게 나에 대해서는 아무것도 말하지 않았어.
내가 이미 과거에 치료를 받은 적이 있다는 것에 대해서도 전
혀 말하지 않았어. 내가 그녀에게 전화했을 때 먼저 어떤 개
인적인 질문도 하지 말라고 요청했지……. 네가 말했지, 비올
라. 네가 진정 옳아……. 2주 후면 렌하르트가 돌아오니까,
모든 것이 나아질 거야. 아, 참. 내가 지금 페르노브(Fernow)
박사가 권했던 것을 하고 있어. 너도 이미 알잖아. 나의 지
난번 치료자 말이야. 난 지금 내 어린 시절의 기억을 적고 있
어. 내게 그다지 도움은 안 되는데…… 뭐 가능할 수도 있겠

첫 만남

는데 아직은 아니야. 하지만 나는 적고 또 적고 항상 적고 있어……. 물론 무작정 적어. 비올라, 우리 곧 만나자……. 고마워, 비올라, 좋은 밤 되렴."

그녀는 천천히 수화기를 내려놓는다. 그녀는 약간 평온해졌다. 그런데도 이마 위로 끌고 다니는 모든 짐이 그녀에게는 무겁다. 약간의 피로가 마침내 그녀를 잠 속에 빠져들게 했다. 몇 시간 동안 그녀는 자신의 불행을 피할 수 있었다.

※ ※ ※ ※ ※ ※

안나 필라티는 리사로부터 오랫동안 아무 소식도 듣지 못했다. 그렇다. 정확히 그 달이 2년쯤 지난 달이었음에 틀림없다. 리사에게서 두꺼운 A4 봉투에 담긴 원고가 도착했다.

리사는 다음과 같이 적어 놓았다.

제가 당신을 방문한 뒤에 몇 달이 안 되어 이해할 수 없는
일이 일어났습니다. 제 남편이 미국에서 사고로 죽었습니다.
저는 말 그대로 삶을 계속 유지하기 위해서 노력했죠. 그러
나 이제 한 마디로, 더 이상은 힘듭니다. 저는 미칠 것 같은 불

안으로 집을 거의 나가지 못해요. 모든 노력을 동원하여 아침에 겨우 침대에서 나오죠. 벽에 갇힌 느낌입니다. 그리고 '아무도 너를 여기서 꺼내 주지 않아.'라는 생각이 계속 맴돕니다.

저는 머리에서 발끝까지 검사를 받았어요. 신체적으로는 모두 정상이랍니다. 사람들이 말하기를 '신체화된 것(신체화 증상)'이래요. 그러나 그런 말도 제게 더는 전혀 도움이 되지 않는군요.

필라티 선생님 제발, 제가 언제 당신을 다시 방문할 수 있는지 소식 주세요. 저는 당신의 답변을 간절히 기다립니다. 안녕히 계세요. 리사로부터.

추신: 분명히 당신은 제가 이 편지에 동봉한 제 원고에 놀라셨을 거예요. 2년 전 제가 처음으로 당신을 방문했을 때 당신이 저의 길고 긴 질문 리스트를 보고 놀랐을 때처럼 말이죠. 이번에는 질문은 없어요. 저는 더 이상 질문하지 않습니다. 정답이 없는 것들이기 때문이죠. 제가 당신에게 보낸 것은 제 어린 시절의 기억들입니다. 제가 어느 정도 평안을 찾기 위해 적고 또 적었어요. 그리고 또 제 아동기에 대해 더 분명한 생각을 하기 위해서죠. 매끄럽지 못한 제 글을 읽는 수고를 하시기 원한다면 거기에서 분명히 많은 것을 추론하실 수 있을 것입니

첫 만남

다. 저는 그것으로 살기 위해 노력했어요. 그러나 실제로는 별 도움이 안 되었습니다. 이제 더 이상 쓰지 않아요. 무엇이 제게 도움이 되겠어요? 당신은 하실 수 있나요? 제발 제게 답장을 주세요.

　　다시 한번 리사로부터.

　안나 필라티는 답장을 보냈다. "이번 주 금요일 세 시에 오세요."

　그때까지 그녀는 분명히 리사의 아동기 회상을 모두 읽을 수 있을 것이다. 그녀는 바로 시작했다.

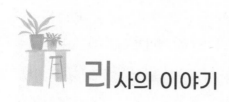

리사의 이야기

내 어린 시절의 집을 생각하면, 나는 항상 가장 먼저 우리의 화장실을 떠올린다. 특별히 아름다웠기 때문이 아니다. 그것은 절대 아니다. 화장실은 흉했고, 어두웠고 기괴해 보였다. 천장에는 전구 하나만 내걸려 있었기 때문에 낡고 노랗게 변한 벽지가 붙어 있는 벽이 훨씬 더 끔찍하게 보였다. 한번은 우연히 외진 구석에서 작은 구멍을 발견했다.

그러나 나는 먼저 계속 파헤쳐야 한다. 그래서 누구나 더 잘 이해하도록. 물론 내가 쓰는 이유는 오직 숨을 쉬기 위해서이지만. 페르노브 박사님이 제안했던 대로. 그가 말했다.

"쓰세요. 또 쓰세요. 그게 당신을 안심시킬 겁니다. 당신이 쓴 모든 것을 곧바로 다시 폐기할지라도 말이죠." 내가 그렇게 할지 아직 확실치 않다. 그러나 나는 안다. 이것을 아무도 읽지 않게 될 것임을. 이 생각이 마치 내 머리에서 달아나기라도 하려는 듯이 뛰쳐나오는 것들을 모두 내려 적기 쉽게 한다.

그러니까 나는 우리의 화장실에 있었다. 우리 아파트에서 내게는 가장 중요했던 공간이다. 어쨌든 지금 이 순간에 내가 그것에 대해 생각해 볼 때 그렇게 느껴진다. 나는 하루에도 몇 시간씩, 내게 지금 느껴지는 대로라면 그렇게 엄청나게 많은 시간을 이 화장실에서 보냈다. 때때로 밤에도 말이다. 당시에 나는 아이였기 때문에 이해할 수 없었지만 '드레드노트(Dreadnought)'[1]라고 변기에 검은색으로 쓰여 있었던 것은 정말 우습다. 그것은 곧 영국식 화장실이었던 것이다. 오늘 나는 안다. 그 드레드노트는 '아무것도 두려워하지 말라.'라는 의미인 것을……

---

1) 역주: 1906년 영국의 첫 거대 전함이다.

리사의 이야기

그것은 영국 전함의 일반적인 표기였다. 그런데 그것은 원래 내 구호였다. "아무것도 두려워하지 말라!" 오늘 생각해 보니 그 화장실은 내게 군인들의 참호 같은 것이었다. 그래서 나는 그것을 계속해서 '참호'라고 부르겠다.

이제 내가 이 구멍에 무엇을 숨겨서 간직하고 있었는지 그 비밀을 알려 주겠다. 그것은 권총이었다. 내 아버지의 권총. 그게 장전이 되어 있었는지 아닌지는 모르지만. 나는 그것을 잘 숨겼고, 그때 물론 더 이상 그것에 관심이 없었다.

그러나 난 먼저 나의 참호에 대해서 좀 더 이야기하겠다. 진정 '참호'라는 표현은 아주 정확한 표현이다. 그것은 실제로 전장에 있는 군인에게 그렇듯이 내게 바로 그런 것이었다. 두 가지 기능이 있었다. 상황이 심상치 않으면 생명을 구하기 위해 바로 뛰어들고, 그러나 수비를 하기 위해서는 다시 뛰쳐나온다. 성실한 군인은 이 두 가지를 해낸다. 내가 그때를 되돌려 생각해 보면 나는 아이일 때 바로 그랬다. 바로 그런 군인 같았다.

학교에서 돌아오면 나는 항상 집의 공동 출입문[2] 앞에 답

---

2) 역주: 보통 한 층에 두 세대가 있는 4~5층의 건물이다.

답한 마음으로 서게 되었다. 그러나 그 순간이 길지는 않았다. 나는 이미 아주 잘 습관이 들었다. 먼저 소리를 죽여 계단을 올라갔다. 나의 귀는 점점 더 커져서 내 머리에서 나온 안테나처럼 모든 소리를 지각하고 제대로 해석하기 위해 작동했다. 나는 모든 것을 더 잘 도청하고 더 높은 계단에서 상황을 평가할 수 있도록 우리 집 복도 문을 훨씬 더 조용히, 더 빨리 지나갔다. 모든 것이 조용할 때—그러나 종종 그것에 속을 수 있었다—나는 다시 계단을 내려가 열쇠로 복도 문을 열고 다시 한번 귀 기울여 듣고 난 다음 맨 먼저 내 참호에 뛰어들었다. 대부분은 평온했다. 내가 그것을 인정해야 한다. 내 탐색전은 실제로 과장되었다. 그것도 인정해야 한다. 그러나 이러한 태도는 부모님 사이의 많은 극적인 싸움을 통해 수년에 걸쳐 길러진 것이다.

그리고 그렇게 나는 결국 전방에 서 있는 군인처럼 행동하는 것 외에 다른 것은 아무것도 할 수 없었다.

모든 것이 조용했을 때, 그래서 내가 집이 비었다는 것을 느꼈을 때, 그때도 또한 좋지는 않았다. 그러면 그때 고독의 느낌이 스며들었다. 물론 내가 좋아하지 않았던 감정이다. 그것은 아마 내 참호보다 더 고통스러웠을 것이다. 병사 감

리사의 이야기

정을 통해 뒤로 탈출하거나 정면으로 방어하는 등 무언가에 영향을 미치는 행동을 취할 수 있었던 그 참호보다 말이다.

다시 권총으로 돌아가자. 이것이 어떻게 그 숨겨진 은닉처, 작은 구멍에 들어갔을까? 그것은 답을 맞히기 어렵지 않다. 우리 부모님은 항상 싸웠다. 그 이유는? 우리 아이들은 매우 일찍 그것에 대해 생각해 내는 것을 포기했다. 거기에는 항상 이유가 있었다. 천 가지 이유. 그리고 모든 것이 용도가 변경되어 이유가 될 수 있었다. 우리에게는 항상 그런 식이었다. 싸움은 그저 부모님의 불로장수의 생약이었다. 그것을 위해 그들에게는 모든 것이 옳았다. 책이 잘못된 장소에 있는 것만으로 (싸우기에) 충분했다.

어쨌든 이번에는 경계 수준이 1단계인 또 한 번의 싸움이 일어났다. 논쟁은 부모님의 침실에서 먼저 시작되었다. 나는 자주 그렇듯이 혼자서 부모님 사이에 있었다. 내 형제들은 모두 거기에 없었다. 다음에 일어난 것이 절정이었다.

나는 어머니가 걱정되어 어머니 옆에 보호적으로 섰다. 아버지는 이럴 때 자신을 상대로 한 공동 전선을 느꼈을 것이다! 그런 생각이 머리에 떠오를 때마다 그는 완전히 혼자라고 느꼈을 테고 그 전 스토리는 그로 인해 점점 더 나빠지기만 했다. 그 순간 그는 말 그대로 나를 완전히 후려치는 말을 했다. 이해시키기 위해 중요한 점은 어린 시절 내내 내가 아버지나 어머니에게 구타를 당한 적이 없다는 것이다. 내 말은 교육적 의미에서도 체벌을 당한 적이 없다는 것이다.

절대 한 번도 없었다. 그래서 그 때문에 내 아버지가 이날 싸움 중에 어머니에게 한 말은 충격적으로 내게 적중했다. 그가 분노에 가득 찬 채로 어머니를 응시했다 "내가 먼저 리사를 총으로 쏠 거야. 그리고 그다음 너를 쏠게." 나는 공포로 인해 완전히 숨이 막혔다.

이 싸움이 어떻게 끝났냐고? 더는 모르겠다. 나는 물론 생생하게 기억할 수 있을 뿐이다. 내가 공포에 미친 것처럼 그 권총을 찾기 시작했다는 것을 말이다. 그런데 진짜 특별히 이상한 것은 어머니는 아버지의 그 위협적인 태도에 전혀 반응하지 않았다는 것이다. 나는 늘 그랬던 것처럼 어머니 없이 혼자서 결정하고 행동해야만 한다고 느꼈다. 그리고 결국 권총을 찾아냈다. 그것은 서랍장 아래 칸에 우단 같은 천에 싸인 쥐색 상자에 들어 있었다. '이 물건을 갖고 어디로 가지?' 나는 고민했고, 그리고 먼저 나는 내가 항상 문을 걸어 잠그는 내 참호에 몰래 기어들어 갔다. 자명한 일이다. 내가

리|사의 이야기

매번 출구를 찾고 있을 때와 마찬가지로 내 상상력은 이번에도 나를 실망시키지 않았다. 그리고 나는 사실 항상 끊임없이 그 출구를 찾는다.

그렇다. 어린 시절의 여러 해 동안 탈출구를 찾는 것은 내가 가장 좋아하는 판타지 게임 중 하나였다. 이것은 나에게 거의 마법적인 힘을 가했고, 이 판타지 게임 덕분에 내가 참호에서 보낸 시간이 놀랍도록 가벼워졌다. 내 일상의 회색이 화려해지고 나는 점점 더 자유로워져서 거의 날아갈 수 있을 거라고 믿을 정도였다. '투명 망토를 가져야만 해!' 종종 나는 그렇게 생각했다. '그러면 모든 것이 깃털처럼 가벼워질 거야. 그러면 모든 것을 다 손에 쥘 수 있고, 모든 것을 제대로 조종하고 움직이고, 필요할 때 다 덮을 수 있어.' 그것은 바로 그런 느낌이었다! 사람이 제대로 탐닉할 수 있는 놀랄 만한 삶에 대한 느낌…….

그러나 이제 손에 권총을 들고 확실한 탈출구를 찾아야 했다. 그것을 완전히 버리기 위해서……. 하지만 아니었다. 나는 그것을 감행하지 않았다.

나의 아버지가 어느 날 그것을 찾을 것이기 때문이다. 그가 뭔가를 찾을 수 없을 때마다 새로운 파국이 나타났다. 즉,

완전히 버리는 것은 안 되는 일이었다. 그러나 아주 잘 숨기는 것, 그것이 바로 해법이었다!

그때 바로 그 작은 구멍이 내게 생각났다. 나는 그 권총을 조심스럽게 그 구멍 안으로 집어넣었다. 그리고 확실한 안전을 기하기 위해 낡은 누더기로 그것을 막아 놓았다. 그러자 나는 해방감을 느꼈다. 구원되었다……. 우선은.

나는 그때 당시 열한 살이었다. 오빠 에밀은 열네 살이었는데 나는 몇 주 지나서 오빠에게 내가 은닉한 것에 대해서 그리고 당시 일어났던 일에 관해서 이야기했다. 오빠는 그에 대해 완전히 침착하게 반응했다. 그의 얼굴은 내가 지금도 눈에 선하듯 분명히 기억하는데, 아주 창백했지만 진지했다. 그런데 그런 반응은 항상 똑같은 것이었다. 그는 격렬하기보다는 느긋하게 반응했고, 나는 그것을 좋게 생각했다. 잠깐 생각한 다음 그가 아주 간단히 내게 말했다. "자, 우리가 그 물건을 이제 어딘가에 버리자. 그런데 어디에 버릴까? 이 집은 충분히 안전하지 않잖아. 발견될 수가 있어." 그리고는 결론적으로, "이리 와 봐. 내가 알아. 우리 이것을 아주 깊은 물속에 버리자."라고 말했다.

마침내 적절한 기회가 왔다. 우리 둘이서만 집에 있었다.

리사의 이야기

내가 구멍에서 권총을 가져오는 동안에 오빠는 창가에서 출입문 쪽의 망을 보았다. 아버지가 갑작스럽게 나타날 수 있다는 생각에 심장박동이 목 위에까지 울렸다. 나는 팔 밑의 가방에 권총을 끼고 계단을 내려갔다. 오빠는 이미 나보다 앞서서 내려갔고 나는 위급할 경우에는 곧 되돌아서 달아날 수도 있었다. 오빠가 출입문에서 나를 기다리고 있었다. 그리고 우리, 바로 아이들이 아버지의 권총을 팔 아래에 끼고 도시를 가로질러 작은 폭포마저 쏴쏴 소리를 내는 강가에 갔다. 그리고 거기 높은 다리 위에서 오빠가 그 저주스러운 권총을 아래로 던졌다. 우리는 일단 안심했다. 아버지가 그것을 찾을 경우 우리가 어떻게 행동할지, 무엇을 말해야 할지 몰랐지만…….

다행스럽게도 우리는 그 일 직후에 다시 이사했다. 어린 시절 나는 총 일곱 번을 이사했다. 아마도 그 때문에 권총은 잊힌 것 같다. 어쨌든 아버지는 한 번도 그것을 찾지 않았다.

내가 이미 이야기한 적 있지 않은가! 내 어린 시절을 통틀어 나는 결코 한 번도 맞은 적이 없다고. 누구도 나를 체벌로 위협하지 않았다. 그러나 오빠 에밀은 사정이 달랐다. 나는 누군가 내 머리카락이라도 건들면 아버지나 어머니가 곧바로 나를 지켜 줄 것이라는 확실한 느낌을 갖고 있었다. 언어 맞는 일이란 결단코 한 번도 없었다……. 하지만 또한 (애정 어린) 따뜻함도 없었다. 팔로 안아 준다든지, 부드럽게 쓰다듬어 준다든지, 그렇게 그저 조용히 머리카락을 부드럽게 쓰다듬어 준 적이 내 기억에는 없다. 나는 누군가의 무릎에도 앉아 본 적이 없다. 내가 접촉할 수 있는 숙모, 삼촌도 없었다. 물론 조부모님 또한 부재했다. 그들은 물론 존재했지만, 이에 대해서는 나중에 이야기하겠다. 나는 스스로에게 묻는다. 내가 그런 것을 그리워했는지, 그 결핍을 아쉬워했는지, 이 신체적 애정을 갈망했는지 말이다. 나는 전혀 모르겠다. 거기에는 그런 감각을 느낄 아무런 여가도 공간도 없었다. 나는 큰 위급 상황으로 나의 참호에 의존할 필요가 없다면 모든 것이 괜찮다고 느꼈다.

그런데 내가 직접 느낄 수 없었던 많은 것을 나의 신체가 표현했다고 생각한다.

내가 작은 아이였을 때, 내 손이 자주 심하게 터서 고통스러웠다. 때때로 그 위에 글리세린을 바르고 문질렀으나 그것으로 인해 상태가 더 나빠질 뿐이었다. 그러다 물사마귀가 손 위를 온통 덮었다. 그것은 매우 흉측해 보였고 우리 반 아

리사의 이야기

이들은 나한테 손대는 것을 좋아하지 않았다. 우리가 원형놀이를 할 때는 특별히 충격적이었다. 양쪽에서 모든 아이가 나를 피했다.

나의 대모였던 리나 숙모가 어머니에게 물사마귀를 없애는 데 좋은 처방을 말해 주었다. 내 손등의 사마귀 수만큼 많은 매듭을 묶은 노끈을 만들어야 한다고 했다. 그리고 이 노끈을 보름달이 떴을 때 흐르는 강물에 던져야 한다는 것이다.

그리고 그곳에 갈 때까지 우리가 말을 하면 안 된다고 했다. 그런 것을 내 어머니가 믿을 리가 없었다. "너는 바로 딱 린센 할머니 같구나." 그 사람은 내 외할머니였는데 바로 이러한 특이한 생각들을 했다.

그런데 이후에 사마귀를 완전히 사라지게 한 것은 다른 게 아니라 바로 간단한 양파즙이었다. 이 처방은 나를 아주 많이 좋아했던 선생님에게서 받았다. 선생님은 내가 손에 대해 특히나 매우 슬퍼했던 순간에 그것을 내게 말해 주었다. 나는 구석으로 은신하여 등 뒤로 팔을 꼰 채 서 있었다. 거기에 그녀가 왔다. 그리고 그녀가 한 것은 바로 정확히 옳은 것이었다. 비록 내가 아주 거세게 저항했지만……. 그녀는 등 뒤의 내 손을 잡았다. 그리고 말했다. "손 때문에 부끄러워할 필요 없어. 네 손은 아름다워." 그리고 그녀가 울퉁불퉁한 사마귀 손등을 쓰다듬었다. 나는 그것을 엄청난 일이라고 느꼈다. 그때 그녀가 내게 양파에 대해서 이야기했다. 어머니가 매일 밤 잠자기 전에 잘게 자른 양파로 내 손을 문지르면 된다고, 그러면 확실히 도움이 될 것이라고. 나는 갑자기 큰 용기가 생겨서 내가 혼자서 해도 도움이 되는지 곧바로 되물었다. 왜냐면 그렇게 많은 일이 어머니에게 가는 것을 좋아하지 않았기 때문이다. "양파가 할 거야." 그녀가 말했다. "오직 양파즙이." 그녀가 아주 확신에 차서 말했기 때문에 나는 그때부터 완전히 그녀를 믿어 버렸다. 그리고 사마귀는, 보라, 그것들은 정말로 녹아 버렸다. 이 모든 것은 내가 여섯 살일 때, 바로 막 학교에 들어왔을 때 일어났다.

내가 기억하기로 겨울에는 항상 발이 고통스러운 동상에 걸려 있었다. 그것이 어떻게 해서 생겼는지 나는 알지 못한다. 특히 우리가 항상 직접 뜨개질한 양말도 신고 있었으니 말이다.

그리고 내 눈에 이상한 일이 있었는데, 노란색 모래 같은 덩어리가 딱 붙어서 아침에 거의 눈을 뜰 수 없었다.

그리고 눈꺼풀 밑 가장자리들은 새빨간 색이 되어 있었다.

리사의 이야기

그렇다. 또한 호흡으로 인해 고통스러웠다. 종종 내가 혹시 숨을 안 쉬고 있는 것은 아닌지 생각할 정도였다. 그러면 나는 내 자신에게 규칙적으로 숨쉬기를 명령해야만 했다. 사람들이 나를 '얕은 숨을 쉬는 사람'이라고 말했다. 내 증상은 고통 때문에 숨이 막힌 것이다.

그러나 이 모든 것이 무슨 의미가 있는가? 힘들게 이 사소한 것들, 중요하지 않은 것들을 스스로 다시 기억해 내는 것이 말이다. 그러나 페르노브 박사가 내게 모든 것을 기록해야 한다고 말했다. 모든 것이 중요하다고, 모든 것이. 수년 후에는 거대한 눈사태를 일으킨 작은 눈덩이가 중요하지 않은 사건이 되어 있을 수 있다는 것이다. 좋다. 그래서 나는 나의 미친병 눈사태를 일으킨 작은 눈덩이를 계속 찾고자 한다.

그럼 우리가 살았던 기후는 어땠는가? 정신적 기후를 말하는 것이다. 항상 춥고 얼어붙는 혹독한 겨울이었을까? 아니면 창문의 얼음꽃을 녹이고 생명체가 자라 꽃을 피우는 해동 같은 것도 있었나? 그랬을 것이다.

그날은 그림책과 같은 겨울의 크리스마스이브였다. 눈송이의 춤은 며칠 동안 계속되었고, 모든 자연은 크고 부드러운 순백의 하늘 침대에서 쉬었다. 모든 것이 평화로워 보였고, 우리 가족에게도 그랬다. 이날 내 아버지는 여느 보통날과는 완전히 달라 보였다. 그의 걸음은 더 느리고 조용했다. 우리는 평상시처럼 그의 거친 발걸음에 움찔하지 않아도 되었다. 나는 그가 크리스마스이브를 기대에 차서 고대하고 있는 것처럼 느꼈다. 그러나 그것은 그가 자신을 위해 무언가를 기대했기 때문이 아니라, 외려 자신의 공헌에 대한 우리의 놀람의 기쁨(서프라이즈 기쁨)을 준비하고 있었기 때문이다. 이 부드러운 분위기가 나의 어머니에게도 전이되었다. 그녀는 내가 특별히 좋아하는 그녀의 한 단면을 보여 주었다. 그러나 그것은 나중에는 점점 더 드물게 볼 수 있었다. 그녀는 매우 즐겁고 명랑한 기분이 되어 있었다. 그래서 그 때문에 나는 벌써 크리스마스이브가 하늘의 선물로 느껴질 정도였다.

당시에 우리는 한 시골 마을에 살았다. 더 정확히는 숲에 가까운 마을의 언저리에. 그때 나는 대략 여덟 살이었다. 우리 가족은 완전했다. 이 말의 의미는 내 큰오빠 또한 집에 있었다는 것이다. 큰오빠에 대한 기억은 희미하다. 그가 나보다 여덟 살이나 많았고, 그래서 그때 당시 이미 열여섯 살이었다. 내 느낌으로 그는 우리 집 안에서보다 밖에서 더 많이 살았으니까.

말인즉슨, 나는 두 명의 오빠가 있었다. 큰오빠는 콘라드라는 이름을 가지고 있었다. 다음은 바로 에밀인데, 이 오빠에 대해서는 아직 이야기할 것이 아주 많다. 그다음이 내 언니 마그다로, 나보다 겨우 한 살 반 더 나이가 많다. 우리 모두가 크리스마스이브를 향해 마음이 들떠 있었다.

나는 오직 나에게 관계된 것만 이야기하겠다. 곧 페르노브 박사가 내게 주목하라고 조언한 그 작은 '눈덩이들'에 대해서만 말이다.

별일 없이 평화로운 하루가 지나 드디어 크리스마스이브가 되었다. 우리 아이들만 교회에서 집으로 돌아왔다. 부모님은 해야 할 준비 때문에 교회에 함께 가지 않으려 했다.

이 크리스마스이브에 우리는 내 생애 가장 크고 아름다운 크리스마스트리를 갖고 있었다. 그것은 바닥에서 천장의 높이에 달했고, 엄청나게 큰 방에 있었기 때문에 충분한 공간을 갖고 있었다. 우리가 크리스마스 방에 들어섰을 때 무수히 많은 양초가 불타고 있는 것이 보였다. 그리고 빛나는 빛은 믿기지 않는 일이 일어날 것이라는 암시, 예고와 같은 것이었다. 아마 아기 예수라도 직접 내려오시지 않을까? 그때

현관에서 우르르 뛰는 소리가 들렸고 눈보라 속에 산타클로스— 진짜 믿을 수 없었다 —는 사슴, 진짜 사슴과 함께 서 있었다. 그게 조금 움직였을 때 그제서야 나는 그것이 진짜 살아 있는 사슴이라고 믿을 수 있었다.

아버지는 미소 지었다. 그의 서프라이즈는 성공한 것 같다.

산타클로스는 안으로 들어왔다. 그리고 그는 몇 계단을 올라 크리스마스트리로 불빛이 환한 크리스마스 방으로 들어왔다. 그의 옆에는 수줍은 사슴이 서 있었다. 그런 다음 그는 우리, 아이들에게 이야기를 들려주었다. 그리고 이제 내가 그런 '눈덩이'를 다시 발견하는 순간이 온다. 산타클로스는 벌써 오래전부터, 오랫동안 사슴과 함께 길을 떠났다고 설명했다. 그러나 이제 이 작은 동물은 한마디로 더 이상 달릴 수 없어서 자신에게서 그를 분리하기로 결정했다고 한다.

그가 자신에게서 사슴을 '분리한다'고 말했을 때 뭔가 끔찍한 일이 내 안에서 일어났다. 나한테는 '분리'라는 단어가 칼을 가지고 둘로 나누는 것처럼 느껴졌다. 나는 계속 침착한 자세를 보였지만 다만 멀리서 그의 이야기를 들었다. 그는 안심하고 사슴을 맡길 수 있는 사랑스러운 아이들을 여기서 발견하게 되어 기뻤다는 말로 이야기를 끝냈다.

리사의 이야기

얼어붙은 것처럼 나는 무력하게 서 있는 그 말 없는 생명체를 계속 바라보았다. 그러다 갑자기 동물의 목을 감싸고 울었다. 울고, 울고 또 울었다. 크리스마스이브의 완전히 평화로운 빛은 내게는 이제 사라졌다. 크리스마스트리의 빛은 이제 꺼졌다. 내 안에서는 아무도 달랠 수 없는 고통이 요동쳤다.

결국 내 어머니의 인내심이 다했다. 나는 그녀가 내 팔을 잡고 약간 흔드는 것이 평소와 다름을 느꼈다. 그러고는 그녀의 가혹한 (짧고 날카로운) 스타카토로 말하곤 했던 말들이 쏟아졌다. 그것은 내가 아주 잘 알고 있고, 내 충동을 완전 무력화시킬 수 있는 것들이다. 그녀는 "쥐 죽은 듯이 조용!" "이제 더는 절대 어떤 소리도 듣고 싶지 않아."라고 말했다.

나는 그 말들로 인해 움찔했다. 독립적 삶의 모든 충동이 사라졌다. 어머니의 전체 문장은 마법의 공식과 같았는데, 그녀는 매우 특별한 시선과 어조로 그것을 사용했다. 힘 안 들이고 그녀는 그것으로 우리, 아이들이 이성을 갖게 할 수 있었다. 더 높은 단계도 있었다. 그런 경우, 그녀는 "꼼짝하지 마라."라고 말했다. 얌전한 아이들을 만드는 데는 그것으로 완전히 충분했다. 그러면 그녀는 커피 코너까지 어디든 아이들을 데려갈 수 있었다. "요하나, 아이들을 언제든 데려오셔도 됩니다. 당신의 아이들은 소란을 피우지 않아요." 그것이 내가 그런 곳에서 자주 들었던 말이다. 신은 알 것이다. 우리는 결코 한 번도 그런(소란을 피운) 일을 한 적이 없고, 할 수도 없었다. 나는 그렇다. 도대체 더 이상 꼼짝할 수 없었다.

이와 관련해서 미용실에 방문했던 일이 지금 생각난다. 그때 나는 대략 열 살쯤 되었다. 머리를 감긴 뒤 미용사가 잘못해서 머리덮개를 차갑게 맞췄다. 나는 아무 말도 할 엄두를 내지 못했다. 그녀는 다시 돌아와서 머리가 여전히 젖어 있다고 화를 냈다. 그녀가 참을성 없이 물었다. "도대체 덮개가 차다는 것도 전혀 느끼지 못했니?" 그때 난 감히 '네'라고 말하지도 못하고 대신 대답했다. "아니요. 몰랐어요."

비슷한 일이 내 어머니의 어머니(외할머니) 집에서 일어났다. 그녀는 언젠가 연로한 여성들과 함께 기도 예배를 드렸다. 방에 원통형 쇠난로가 있었는데 그녀는 다른 공간이 남아 있지 않았기 때문에 난로 뒤 바로 가까이 나를 앉혔다. 나는 너무 더워졌다. 마치 불에 타는 것 같았다. 특히 무릎이 고통스러웠다. 왜냐면 무릎이 쇠난로 가장 가까이에 있었기 때문이다. 그래서 나는 한 번은 왼손으로, 그다음에는 오른손으로 무릎을 덮었다. 한 아주머니가 드디어 나를 해방시켰다. 그녀가 내게서 어떤 일이 일어나는지 알아차리고 말했다. "난로 뒤에서 애가 달궈지고 있네."

그런데 사슴의 이야기는 어떻게 끝났는지 아는가? 어머니와 아버지가 나를 설득했고, 내게 이 선물이 얼마나 기뻐해야 할 일인지를 분명히 밝히려고 노력했다.

그들은 사슴이 쾌적함을 느끼도록 정원의 넓은 자리에 아름다운 우리를 만들어 줄 것이라는 이야기도 했다. 그러나나는 마치 얼어 있는 듯 꼼짝하지 못하고 즐거워할 수 없었고 결국 내 방의 침대 속으로 달아나서 울고 또 울었다. 잠깐안정을 되찾게 되었을 때도 산타할아버지에게서 분리될 작은 사슴에 대한 덧없는 생각만 작동했다, 마치 다이너마이트위의 불쏘시개처럼. 울음소리가 다시 시작되었고 나는 정신이 나간 것 같았다.

지금 나는 그것이 내 자신의 분리의 고통이었다는 것을 깨닫는다. 그것이 작은 사슴에게 그렇게 깊이 공감하게 한 이유였다.

결국 오빠 에밀의 도움으로 내가 다시 크리스마스 방에 되돌아왔을 때 나는 나의 많은 아동기 사진에서와 똑같이 두껍게 퉁퉁 부은 입술을 하고 있었다.

그 사이 아름답던 크리스마스트리의 촛불은 이미 다 타 버렸다. 사슴은 우리로 보내졌다. 나는 그 후의 일을 더는 모른다. 더는 기억할 수 없다.

그런데 사슴이 어떻게 되었느냐고? 아버지가 크리스마스에 우리 아이들을 행복하게 해 주기 위한 진짜 좋은 의도로 데려온 그 사슴 말이다.

죽었다. 몇 주 후에. 아니면 조금 더 오래 살았을지도 모르겠다. 정확히는 알 수 없지만 아무튼 어느 날 아침에 어머니가 말했다. "이제 어린 사슴이 없어." 그녀의 목소리가 아주 슬프게 들렸다. 그녀가 나의 기분을 위해서 즐거운 소식을 전달해 주었는데도 말이다. 그녀가 사슴은 죽은 것이 아니라 숲 언저리에서 사슴의 엄마가 그를 불렀기 때문에 그가 울타리를 뛰어넘어 갔을 것이라고 말했다. 그래서 지금은 어린 사슴이 엄마와 함께 숲속에서 행복하게 살고 있을 것이라고 했다.

사슴과의 결별이 그때 내게 어느 정도 고통을 주었지만 나는 이 이야기의 결말에 매우 만족했다. 어린 사슴이 이제 다시 엄마와 같이 살게 되었구나. 아버지 또한 이 설명을 확인해 주었다. 그래서 우리 아이들은 여러 해가 지나고 나서야

리사의 이야기

진실을 알게 되었다.

어린 사슴은 죽었다. 그리고 내 어머니는, 나의 사랑하는 어머니는 그녀의 품 안에서 그가 떠나갈 때까지 밤새워 그와 함께 앉아 있었다.

이 체험이 그녀에게 가슴 깊은 울림을 주었던 모양이다. 다음과 같은 것을 보면 알 수 있다. 때때로 마을 축제가 있었다. 그것은 숲 중앙의 넓은 자리에서 벌어졌다. 그리고 거기에서는 먹고 마시고 노래를 불렀다. 경기 또한 진행되었다. 그렇게 즐겁게 흘러갔다. 그러다 합창단이 사냥꾼의 노래를 시작하고 그 노래에서 사슴을 쏘아 성공한 장면이 불렸다. 노래가 끝날 때 대사로 "똑바로 뜬 눈으로 사냥꾼을 바라본다. 마치 묻는 것 같다. 내가 너에게 뭘 잘못했니?"라고 말했을 때, 어머니는 자리를 피해 달아났다. 나는 그녀가 우는 것을 보았다.

나중에 몇 해가 지난 다음, 그녀는 우리의 죽어 가는 사슴의 시선이 그녀의 마음에 얼마나 깊은 충격을 주었는지 그리고 그녀가 그 눈빛을 결코 한 번도 잊을 수 없었다는 것까지 우리에게 말해 주었다.

이제 내가 완전히 솔직하다면—나는 그러고 싶다. 그렇지 않으면 나 자신을 속이는 것이기 때문이다— 그러면 점차 나는 두려움과 공포뿐만 아니라 이 이야기와 비슷한 무언가, 매우 감정이 가득 차는 어떤 것을 느낀다.

나는 사슴 이야기처럼 즐겁게 시작했다가 슬프게 끝난 다음의 이야기를 정확히 기억한다. 이 두 이야기는 시간적으로 거의 가까운 순서로 일어났다. 그러나 무엇이 먼저 일어났고 무엇이 나중에 일어났는지 자세히는 알지 못한다.

늦은 여름이었다. 우리는 여전히 또는 아직도 숲 언저리 커다란 집에 살고 있었다. 작은 마을 가까이에 있었는데 힘차게 걸으면 20분이면 그 마을에 도달할 수 있었다. 시골길 양쪽에는 사과나무가 늘어서 있었고, 그해에는 특히 무성했다.

그 일은 가족 모두—아버지, 어머니, 에밀, 마그다 그리고 나—가 함께 있는 일요일에 일어났다. 콘라드에 대해서는 또다시 잘 기억나지 않는다. 전날 저녁 나는 어머니가 부엌에서 특별한 날을 위한 준비에 열중하고 있는 것을 보았다. 그녀는 청어를 굽고 있었고, 감자샐러드를 만들고 있었다. 그것들은 다음 날 우리의 소풍을 위한 것이었다. 나는 어머니의 준비만으로도 기대감이 너무 높아져 기쁜 나머지 거의 잠들지 못했다. 오늘날 나는 이 과장된 감정이 그 당시 이미

리사의 이야기

모든 것을 붙잡기 위한 일종의 지푸라기 성향을 가졌음을 알고 있다. 그러나 또한 모든 것이 좋고 아름다웠던 유아적 환상의 땅으로 뛰어들기 위해서였다는 것을.

하지만 에밀은 완전히 달랐다. 그는 다음 날인 일요일에 퉁명스러운 태도로 서 있었다. 그는 함께 가고 싶어 하지 않았다. 요즘에 와서 점점 더 모든 규칙에 민감하게 반응하던 방식대로였다. 그러나 그러한 충동은 부모님에 의해 즉시 초기에 진압되었다. 다음 날 아침 그는 겉보기에 매우 만족스러워 보였으며, 빈 바구니가 층층이 쌓인 두 손수레 중 하나를 끄집어냈다. 아버지는 더 큰 수레 앞에서 긴장을 하셨고, 그렇게 우리 사과 수확의 날은 빛나는 햇살 아래서 약 40분 정도의 짧은 도보 행진으로 시작되었다. 오직 행복한 결말만을 상상할 수 있을 정도로 아름다운 날이었고, 따사로운 진정한 초가을이었다. 도처에서 건초 냄새가 났고 은색 거미줄이 하늘을 날았다.

이 광경에서 아름다운 동화가 시작될 수 있을 것이다. 한 가족이 모든 문을 거의 다 닫고 사과를 따기 위해 출발한다. 멀리서 많은 마을을 따라오는 돌림 노래처럼 우리를 동반하는 일요일 종소리를 듣는다.

드물게도 그날 아침에 나는 즐거웠다. 보는 것, 듣는 것, 인식하는 것이 나를 깃털처럼 가볍게 했다. 나는 여전히 열린 마음을 가질 수 있었다. 나중에 우리가 마을로 돌아왔을 때 이 문들은 닫혔다. 그러다가 감각이 점점 쇠약해지고 마침내 무뎌졌다. 마치 저절로인 듯 장벽들이 커졌다.

하지만 그 당시 우리가 족히 2년은 살았던 숲 근처의 아름다운 그 큰 집에서 나는 여전히 내 주변의 멋진 자연에 열려 있었다. 내가 지금 이 시기에 대해서 되돌아 기억해 볼 때, 당시 나는 봄에 집에서 멀지 않은 슬로프에서 혼자 첫 제비꽃을 꺾거나 여름에 숲에서 라즈베리를 땄다. 더 멀리 가는 것은 감행하지 않았다. 그런 다음 나는 분명히 자연에서의 이 체험들이 나를 구하는 섬과 같았음을 느꼈다. 그것들이 없었으면 나는 어떤 사람이 되었을까? 이 피난처가 없었다면…….

하지만 다시 내 이야기로 돌아가자. 우리에게는 핀서(영국산 사냥개), '마우스'가 있었다. 이 이야기는 실제로 누구에 관한 것인지……. 우리 아이들은 마우스를 진심으로 아끼고 좋아했다. 그날 아침에 그가 거기에 있었다. 이 시기에 나는 '누가 마우스보다 더 빨리 달릴 수 있을까?'라며 일종의 경쟁을 즐겼는데, 마우스는 사실 토끼처럼 빨리 달릴 수 있었다. '내

리사의 이야기

가 마우스보다 훨씬 빠르다면 얼마나 좋을까! 그러면 지상에서 이륙하여 정말로 날 수 있을 텐데!'라고 생각했다.

당시 내가 가장 좋아하던 옷은 망토가 달린 코트였는데, 내 상상으로는 가능한 한 가장 빠른 속도로 부풀어 오르고 마치 날개인 것처럼 나를 이동시킬 것이기 때문이다. 목에 스카프만 있어도 충분히 날개를 단 기분을 가질 수 있었다.

우리는 사과를 땄다. 많은 바구니가 벌써 꽉 채워졌다. 그리고 어머니가 먼저 소풍 식사를 위한 준비를 했다. 청어와 감자샐러드이다. 마우스는 잔디 위에 조용히 드러누워 있었는데, 바로 그곳에 어머니가 이제 식탁보를 펼치려 했다. 그녀가 식탁보를 펼치기 위해 그것을 허공으로 날리자, 마우스는 깜짝 놀라 벌떡 일어나 거리로 뛰쳐나갔다. 그리고 끔찍한 일이 일어났다. 바로 이날 완전히 한적한 사과나무 길을 따라온 유일한 오토바이 운전자가 우리 마우스 위로 달렸다. 그리고 마우스는 즉사했다.

우리 아이들에게는 말 그대로 세계가 무너지는 일이었다.

마우스는 죽었다. 내 아버지는 그 딱딱한 도로에서 마우스를 데려와 다시 잔디 위에 눕혔다. 우리는 움직이지 않았다. 마치 마비된 것처럼.

결국 아버지가 말했다. "너희들 새 개를 갖고 싶니? 아니면 우리가 마우스를……." 그렇다. 그가 실제로 말했다. "아니면 우리가 마우스를 박제할까?"

나는 아무것도 듣지 않았다. 절대 아무것도. 그저 계속해서 말했다. "난 마우스를 다시 가질 거야, 마우스, 마우스, 마우스." 당연히 나는 살아 있는 마우스를 갖고자 했다.

몇 주가 지난 후 사고가 이미 어느 정도 잊혔을 때 소포 하나가 도착했다. 마우스가 거기 박제되어 들어 있었다. 눈은 유리 눈으로 채워져 있고 앞발이 교차해 있다. 그때부터 마우스는 책장 속에 먼지흡입기로 누워 있다. 아버지는 대체 무슨 생각을 한 걸까?

또 하나의 이야기가 생각난다. 마찬가지로 복서라는 개와 관련된 이야기이다. 왜 그런 이름인지. 다시 한번 묻고 싶다. 아버지는 대체 무슨 생각을 한 걸까?

우리는 계속해서 아버지가 손수 지은 그 큰 집에 살았다. 내가 '우리의 큰 집'이라고 말하는 것은 그것이 크기 때문만은 아니다. 마을 사람들이 그렇게 불렀기 때문이다. 때때로 사람들은 약간 비꼬듯이 '숲가의 (호화) 저택'이라고도 불렀다.

글쎄, 우리는 이 집으로 이사하자마자 이미 근처 마을에서

리사의 이야기

모퉁이를 돌면서 눈에 띄지 않지만 음흉한 바람이 불고 있는 것을 느꼈다. 누구도 그것에 대해 자신을 방어할 수는 없다.

한번은 학교가 끝나고 시골길을 따라 집으로 가고 있었다. 내 뒤에서 아이들이 나를 향해 불렀다. "피첼(Pichel), 피첼, 피첼." 내가 뒤돌아보자 아이들은 그저 킥킥거릴 뿐이었다. 그 또한 다시 내게 끔찍하기만 한 음흉한 바람이었다. 그에 대해 무엇을 할 수 있는지 알지 못했던…… '피첼'이 대체 무슨 말이란 말인가? 나는 여기에 대해 곰곰이 생각해 보았다. 하지만 허사였다. 이 단어는 내게 너무 낯설고 그때까지 한 번도 들은 적이 없는 단어였다. 그러나 한 가지는 분명히 알았다. 그것이 절대 좋은 의미는 아니라는 것 말이다. 진실은 매우 빨리 확인되었다. 내가 어느 날 완전히 지나가는 말로 내 부모에게 그날 있었던 일에 대해 이야기했기 때문이다.

우리는 하얀 가루를 포대에 담아 포장하는 소위 포장실에 있었다. 그것은 동물을 위한 일종의 사료 또는 치료제였는데, 판매되는 것이었고 우리 집 사업의 일부였다. 아버지가 포대를 손에 들고 이리저리 뭔가를 확인하고 있던 그때 나는 "피첼이 무슨 뜻이야?"라고 물었다.

아버지는 죽은 사람처럼 얼굴이 창백해졌다. 그러나 말이 없었다. 그러나 나는 알고 싶었다. 그래서 내 뒤에서 "피첼, 피첼……."이라고 불러댄 아이들에 관해서 이야기했다. "피첼이 무슨 뜻이야, 아빠? 피첼이 뭐야?" 나는 계속해서 파고들었다. 그렇지만 아버지는 그에 대해 아무 말도 하지 않았다. 어머니는 말없이 방을 나갔다. 아버지는 거기에 뿌리라도 내린 듯 서 있었다. 움직임은 포대의 멱살이라도 잡듯이 움켜쥔 그의 손, 그의 손가락에서 느리게 일어났다. 그런 다음 그는 그것들을 바닥에 내리쳤다. 가루가 공중으로 흩어지고 그도 방을 나갔다.

이제 내게는 모든 것이 전보다 더욱 섬뜩해졌다. 그러나 어떤 설명도 없었다. 어머니조차도 하지 않았다. 그건 항상 그랬다. 우리의 모든 질문은 우리 아이들 스스로에게 남겨졌다. 그러나 진실은 숨겨지지 않았다. 시간이 걸리기는 했지만 우리는 결국 알게 되었다. 그것은 우리 할아버지가 알코올 중독자였고, '피첼'이란 곧 술주정뱅이를 말한다는 것을.

이 이야기에 대해 나는 이제 더는 쓸 수가 없다.

어제 나는 거의 마비된 듯했다. 이렇게 옛날이야기를 다시 들쑤시는 것이 정말로 좋은 것이란 말인가? 페르노브 박사는 내가 기억을 통해서 그리고 기록을 통해서 모든 것을 더

리사의 이야기

잘 이해하고 정리할 수 있을 것이라 했다. 그래서 나는 계속 한다.

그러니까 내 아버지는 이 마을에서 일곱 명의 자식 중 첫째로 성장했다. 그리고 유일한 여동생이 죽었으므로 형제는 여섯이었다. 가족은 마을에서 제일 작은 집이라고 생각할 정도로 가장 가난한 조건 속에서 살았다. 내 아버지는 하나씩 차례대로 태어나는 동생들이 울 때마다 팔에 안고 다녀야 했다. 사람들은 양치기였던 내 할아버지가 다정다감한 기분파였고 내 할머니는 그와 반대로 얼음처럼 냉담한 사람이었다고 말한다. 우리 아이들도 이 냉담함을 분명히 느낄 수 있었다. 그런데 누가 알겠는가? 할아버지가 술주정뱅이였기 때문에 할머니가 그렇게 되신 것인지, 아니면 할머니가 그렇게 냉담하기 때문에 할아버지가 술주정뱅이가 되신 것인지. 이에 대해서 나는 아이일 때 한 번도 생각해 본 적이 없었다.

그러나 한 가지 사실은 분명하다. 이 '커다란 집' '숲가의 (호화) 저택'은 내 아버지가 모든 사람에게 보여 주기 위해서 지은 것이다. 마을의 집들 중에서 가장 가난하고 가장 작은 집에 살았던 그 소년이 특별한 성취를 이루었다는 것을 보여 주기 위해서 말이다. 지금 가장 큰 집을 소유하고 있는 '술주정뱅이(Pichler)'의 아들이 지금 다시 그의 아이들에게 일어나는 것처럼 모욕을 당하고 충분히 놀림을 받았던 것이다. 이것으로 아마 다른 아이들과 우리 사이의 우정이 거의 발전할 수 없다는 것도 더 쉽게 이해할 수 있을 것이다.

에밀과 마그다는 인문계 고등학교에 다니기 위해 매우 일찍부터 소도시로 통학했다. 그동안 나는 이 시골 학교에 다녔다. 내 형제들은 오후 늦게서야 다시 집으로 돌아왔다. 이것이 내 오빠 에밀과 매우 밀접하게 얽힌 복서[3]와 있었던 이야기의 배경이다.

에밀은 이때 대략 열한 살이었다. 에밀과 관련된 일은 무엇이든 문제가 되는 것 같았다. 겉보기에 에밀은 모든 것을 잘 못했다. 학교에서 그는 집중할 수 없었다. 그래서 성적도 그것에 딱 부합했다. 아침에 그는 침대에서 잘 일어나지 못했고, 그래서 아버지는 게으름뱅이라고 비난했다. 동시에 그는 얻어맞았고, 어머니에게조차 얻어맞았다. 그러나 내가 그들 사이로 몸을 던져 가로막았을 때—나는 자주 이렇게 했

---

3) 역주: 앞에서 언급된 개 이름이다.

리 사의 이야기

는데—그들은 곧바로 (때리기를) 멈추었다. 이러한 신체적 처벌은 잔인한 것이 아니었지만 적어도 존재했다! 에밀은 이 시기에 친구도 없었다. 그러나 어느 날 아버지가 그에게 가장 소중한 친구를 데려왔는데, 이 친구와 그는 아마도 한 마음과 한 영혼이었을 것이다. 그가 바로 이 복서, 보탄,[4] 사람이 상상할 수 있는 가장 다정하고 부드러운 개였다. 닭들이 그의 오두막에 들어와서 그를 너무 괴롭혀 결국 더 이상 공간이 없을 때 그는 밖으로 나가서 그것들에게 자기 집을 내주었다. 우리는 보탄과 모든 것을 할 수 있었다. 예를 들어, 그에게 매달려도 그는 그에게 일어나는 모든 것을 참아 주었다. 그럼에도 그는 내적으로나 외적으로나 모두 환상적으로 강한 개였다.

게다가 그는 말도 할 수 있었다. 사람들이 "보탄, 개는 어떻게 말하지?"라고 물으면 그는 입을 크게 벌렸다가 다시 닫아서 숨소리를 내뿜었는데, 그건 마치 "한다, 한다."처럼 들렸다.

4) 역주: 신화 속 독일 최고의 신이다.

에밀과 보탄, 보탄과 에밀, 그들은 하나였고, 분리할 수 없는 팀이었다. 그는 자기 한 사람의 공간만 있는 작은 마차를 가지고 있었다. 그는 보탄을 이 작은 마차 앞에 묶고, 둘 다 몇 시간이고 자연으로 빠져나갔다. 그러나 때때로 마을의 나쁜 사내아이들이 보탄에게 돌을 던지고 보탄이 모든 것을 관대하게 받아들일 때, 에밀은 그에 대해 슬퍼했고 그가 차라리 전투용 개이기를 바라기도 했다. 그러면 그는 그에게 애원하듯이 말했다. "겁쟁이가 되지 마, 보탄. 제발 겁쟁이가 되지 마." 그럼에도 불구하고 이것조차도 둘 사이의 사랑을 망칠 수는 없었다.

하지만 아버지는 완전히 다른 관점에서 보탄을 선택했다. 그는 짖기만 하는 것이 아니라 포획하고 중요한 때 물기도 하는 예리한 감시견을 갖고자 했다. 확실히 보탄은 그런 목적으로는 전혀 적합하지 않았다.

그래서 와야 할 일이 왔다. 어느 날 에밀이 학교에서 집으로 돌아왔을 때, 보탄은 더는 거기에 없었다. 우리 아버지가 그를 뾰족하고 날카로운 입의 좁고 교활한 눈을 가진 양치기 잡종 개와 바꾸었다. 그 개는 너무 날카로워서 사슬을 풀어 놓아서는 안 되었다. 그 개의 이름은 레디였다.

리사의 이야기

이 과정을 통해 에밀에게서 파괴된 것은 차마 쓸 수가 없다.

그러나 아버지는 곧 그에 대한 보복을 당했다. 어느 날 밤, 레디는 뛰쳐나갔다. 그리고 다음 날 아침 아버지는 그의 모든 토끼가 물려 죽은 것을 발견했다.

우리가 아버지의 고향으로 이사했을 때 나는 대략 여덟 살이었다. 그 전에 우리는 도시에 살았고 거기서 벌써 두 번이나 이사한 적이 있었다.

나의 부모님이 극도로 가난한 환경에서 출발했다는 것을 생각해 볼 때, 나는 우리가 시골로 이사하기 전에 이미 큰 아파트 건물을 소유하고 있다는 사실에 놀라곤 한다. 그리고 우리는 그 아름다운 아파트에서 살았다. 건물 뒤편의 정원에는 우리의 회사가 있었다. 역시 부모님의 재산이었다. 여기서 많은 산물이 혼합되었다. 사료, 동물치료제, 세척제, 특히 특수 얼룩제거 약물들이 만들어졌고, 그런 다음 대리인이 그것을 계속 판매했다. 즉, 섞는 것으로 우리는 돈을 벌었다. 나는 언젠가 아버지가 한 약사에게 하는 말을 들었다. "그렇지 않습니까, 약간의 섞기만큼 좋은 것은 없지요."

제대로 배운 게 없는 아버지는 자신을 점점 화학자로 느꼈다. 그의 작업복은 하얀색 가운이었고, 아버지는 작업복의

104
/
105

가슴 위 주머니에 항상 새로운 섞기를 위한 비밀 처방전을 보관하고 있었다. 그는 그것을 그의 '정신적 자산'이라고 불렀다. 그는 그의 모든 산물에 대해서 문구나 판매 슬로건 또한 구성했다.

나는 사실 아버지의 외양에 대해 늘 어느 정도 자랑스러워했고 어머니에 대해서도 마찬가지였다. 학교든 어디에서든 부모님을 보여 주기를 즐겨 했다. 둘 다 키가 커서 사람들이 '당당한 외모'라고 일컬었다.

나의 아버지는 풍성한 눈썹과 커다란 메탈 블루의 눈을 가졌고 강한 코와 특히 아름다운 입을 가졌다. 그는 흔히 '좋은 머리'라고 부르는 것을 가졌다. 특별히 말이 많지 않았으며, 더욱이 그가 항상 말하는 '저명인사' 직함을 가진 사람들과의 모임에서는 말을 많이 하지 않았다. 반면에 그는 자신의 침묵에 일정한 권위를 부여하는 방법을 알고 있었다. 그래서 마치 더 깊은 자신의 생각 때문에 스스로 숙고하고 있는 것처럼 보였다.

누군가 아이인 내게 이사하기 전에 "너희는 가난하니? 아님 부자니?"라고 물었다면, 나는 분명히 후자라고 확인해 주었을 것이다.

리사의 이야기

그러나 시골로 이사한 이후에는 곧 의심이 생겼다.

그것은 우리를 점점 더 자주 방문하는, 내게는 참 기분 나쁜 한 남자의 모습과 함께 조용히 스며들었다. 그 남자는 팔밑에 서류 가방을 끼고 있었고 아버지나 어머니와 이야기하기를 원했다. 낮에는 아버지가 거의 집에 없었기 때문에 거의 항상 어머니가 그와 이야기했다. 그의 외모만으로도 어머니는 무거운 짐을 지고 있는 듯 힘들어했다. 두 사람의 첫 번째 대화는 어머니가 그들 뒤의 거실 문을 단단히 닫은 후 비로소 이루어졌다. 나는 이 모든 것을 이미 나쁜 예감을 가지고 관찰했다.

한번은 이 남자가 우리 집을 걸어 다니면서 그의 손으로 가구 뒷면을 만지는 것을 보았다. 살펴보니 가구에 뻐꾸기가 있는 흰색 스티커가 붙어 있었다. 그러더니 한번은 이 스티커들이 모두 사라졌다. 나는 이것들이 찢겨 없어졌다는 것을 분명히 볼 수 있었다. 그러던 어느 날 갑자기 이 스티커들이 다시 다 붙여져 있었다. 시간이 지나면서 이 흰색 스티커가 붙지 않은 가구는 거의 찾아볼 수 없게 되었다. 어렸을 때 나는 집행관에 대해 들어 본 적이 없었다. 그러나 나는 이 남자의 방문이 점점 더 잦아지면서 재앙이 다가오고 있음을 느꼈다.

실제로 내가 언젠가 학교에서 집에 왔을 때 어머니가 깊은 절망 속에 있음을 보았다. 어머니는 테이블에 앉아서 울고 있었다. 그리고 손으로 테이블 표면을 계속 치고 있었다. 크게 놀란 나는 너무 많이 친 탓에 어머니의 손이 거의 마비된 것을 보았다. 나는 더 이상 정신을 차릴 수 없었기 때문에 테이블로 달려가서 울었다. "엄마, 엄마 도대체 무슨 일이 생긴 거예요?" 그러자 어머니는 내게 결국 그녀가 방금 나쁜 소식을 들었다고 설명했다. 시내에 있는 우리 아파트 건물의 월세들이 모두 압류되었다는 것이다. 그것은 우리의 가장 중요한 수입원이었을 것이다.

나는 어머니 손의 마비가 빨리 사라져서 기뻤다. 그러나 불행의 눈사태는 계속 벌어졌다. 그 겨울, 지독히도 추웠을 때, 오직 얼음과 눈만 볼 수 있을 때였다. 갑자기 몇 명의 근육남이 우리 집 문 앞에 서 있었다.

아버지는 또 집에 없었다. 안 그랬다면 이야기는 분명히 다르게 흘러갔을 것이다. 어쨌든 이 강한 남자들이 현관문뿐만 아니라 모든 문을 경첩에서 떼어 내고 가구 트럭에 싣고 가 버렸다. 그들이 말한 이유는 "문 값이 지불되지 않았어요. 그래서 다시 반환을 요청합니다."라는 것이었다.

리사의 이야기

눈이 날카로운 추위와 함께 집 안으로 밀려 들어왔다. 그래서 어머니와 우리, 아이들은 문의 공간에 포대를 대고 못질을 해서 극도의 추위를 막아 보려 했다.

아버지가 집에 돌아왔을 때, 그는 황소처럼 포효했다.

다음 날 문들은 다시 집으로 돌아왔다. 아버지가 해결한 것이다.

부모님이 각자 자신의 방식으로 재난을 피하기 위해 끝없이 노력했지만 실패, 파산 절차로 가는 길은 피할 수 없는 것처럼 보였다. 어머니는 열정적인 노동 광풍에 빠졌다. 그 결과, 그녀는 우리에게서 점점 더 멀어졌다. 그러나 그녀의 작업량은 아마도 생계를 유지하는 정도로만 가능했을 것이다. 부양할 아이가 넷이 있었고, 커다란 집에 사람의 상상으로 가능하지 않을 만큼의 많은 가축, 즉 돼지들, 염소들, 닭들, 오리들, 거위들, 비둘기들, 양과 토끼들을 길렀다. 집 뒤에는 2에이커의 땅과 일할 가게가 있었는데, 그녀는 저녁에 그것과 관련된 서류 작업을 했다. 어머니는 자주 관청에 차를 몰고 가서 아버지가 분노 폭발로 일으킨 일을 다시 해결해야만 했다. 한번은 아버지가 공무원과의 언쟁 중에 완전히 화가 나서 우리의 거실 탁자에 잉크병을 거세게 던졌다.

나중에 그 공무원이 어떤 모습이었는지 난 잘 모르겠다. 하지만 우리 거실은 새로 도배를 해야만 했다.

확실히 사람들은 우리 어머니를 많이 동정했을 것이다. 이렇게 예쁘고 젊은 여자가 저런 폭군과 결혼했다니! 그 때문에 그녀는 분명히 많은 분쟁을 다시 조정할 수 있었을 것이다. 젠장, 또다시 내 어머니가 얼마나 많은 고통을 겪어야 했는지 생각하면 화가 난다.

한번은 아버지가 6명의 사람을 초청하였고, 그들이 우리 집에 몇 날 며칠 계속 머물렀다. 그때 어머니는 자제력을 상실하고 결국 울고 말았다. 그때 나는 아버지가 어머니에게 말하는 것을 들었다. "아주 조금 일을 더 하게 되면 넌 바로 자제력을 잃는구나." 젠장, 다시 말하지만, 대체 아버지는 내 어머니에게 무엇을 한 것인가? 나의 사랑스러운 어머니에게?

내가 마지막 이야기를 종이 위에 쓴 뒤로 많은 시간이 흘렀다. 벌써 몇 달이 지났다. 모든 것을 다 버려 버릴까 생각했고 그 직전에 있었다. 하지만 나는 그렇게 하지 않았다. 버리든지 말든지, 글을 쓰든지 말든지, 기억하든지 말든지 이 모든 것이 사실 내게는 상관없다. 그런데 한 가지는 분명하다. 내가 끔찍한 동력 부족을 극복하여 지금처럼 빈 종이 앞

리사의 이야기

에 앉아 내 기억을 표현하려고 하면 내 머릿속에 안도감과 질서 같은 약간의 평화가 찾아온다는 것이다. 그렇지 않으면 거의 양봉장과 같다. 나는 항상 빙빙 돌고 있는 이러한 윙윙거리는 생각에 대한 탈출구를 만들기 위해 내 머리를 눌러 부수고 폭파시키고 싶다.

에고! 나는 더는 쓰지 않을 것이다. 더는 할 수 없다.

심리치료

금요일 정확한 시간에 리사는 초인종을 눌렀다. 수줍은 듯 그리고 땀을 비 오듯 흘리면서. 이번에는 그녀는 아무것도 가져온 것이 없다. 더 이상 질문도 없다. 오직 밤낮으로 그녀를 끌고 다니는 공포의 그림자만을 가져왔을 뿐이다. 그것은 그녀에게 달라붙어 있고, 그녀의 몸 도처에, 뇌의 미로에 자리잡고 있으며, 여기에는 강박적이고 질서 없이 억압적인 생각의 불꽃이 지배하고 있다.

그녀가 처음 안나 필라티를 방문했던 때와 지금의 시간은 마치 영원처럼 먼 것 같고, 그 2년 전의 만남은 그녀에게 지

113

금과는 아무 상관이 없는 오래된 과거처럼 보인다. 문이 열린다. "들어오세요, 리사." 안나 필라티가 말한다. 그러나 그이상은 말하지 않는다. 그렇지만 리사의 손을 잡는 그 모습에 이미 이해의 빛이 스며 있다. 리사에게 약간의 희망의 불꽃이 일기 시작한다. 그녀는 마치 자신에게 말하듯이 거의속삭이는 목소리로 말한다. "제가 올 수 있게 허락해 주셔서고맙습니다." 그러고는 양손으로 얼굴을 감싼다. "저는 사냥꾼을 알지 못한 채 쫓기는 토끼 같아요……." 안나 필라티는다만 고개를 끄덕인다. 그러나 그녀에게서 눈을 떼지 않는다. 그리고 리사가 2년 전에도 입었던 그녀의 폭 넓은 코트를벗어 놓을 때 그녀는 왜소해진 몸의 말없는 비명을 듣는다. "더는 할 수 없어!" 그녀의 얼굴과 몸짓에도 깊은 고통의 표현이 담겨 있다. 질문하는 몸짓으로 그녀는 그녀가 잘 알고 있는 방의 반쯤 열린 문을 가리키며 주저하지 않고 들어간다.

그녀는 뻣뻣한 움직임으로 주위를 둘러본다. "여기는 모든 것이 그대로군요."라고 말하고 나서 그녀는 침묵한다. 그리고 다시 손으로 얼굴을 감싼다. "그러나 저는, 필라티 선생님, 저한테서는 모든 것이 달라졌어요. 완전히 달라졌어요. 완전히 다르게. 제 남편이 죽고 제 안에서 세상이 무너졌어요." 두려움에 가득 찬 시선으로 덧붙인다. "저는 더 이상 모르겠어요."

그런 다음 그녀는 쉼 없는 방황에 대해 이야기한다. "저는 4주 동안 병원에 누워 있었어요. 위염이었죠. 그러나 더 많이 나쁜 것은 죽음의 공포 그리고 죄책감과 방치감이었어요. 아무도 저를 진정시킬 수 없었어요. 아무도 저를 진정시키지 못했어요." 깊은 절망 때문에 그녀는 머리를 앞뒤로 흔든다. 그녀는 호흡을 가다듬을 시간이 없다. 매우 빨리 말할 수밖에 없다. "제 남편이 죽은 뒤에 저는 지옥 속에 살고 있어요." 그녀가 절망감 속에서 계속 말한다. "제가 무엇을 더 말해야 할까요? 저는 충분히 말했습니다. 그리고 항상 똑같은 보장, 똑같은 조언을. '우리 모두가 유죄가 될 것입니다. 이렇든 저렇든 남편이 사고를 당했을 수 있습니다. 알아차리세요, 당신은 죄책감을 가질 필요가 없어요. 진정으로 알아차리세요. 당신은 건강합니다. 신체적으로 건강해요. 당신은 죽음의 공포를 느낄 필요가 없어요. 당신은 단지 외로울 뿐이에요, 다른 모든 인간처럼. 사람들을 만나세요. 그렇게 하세요. 그것이 좋아요…….' 오, 이런 것들을 넘치도록 들었습니다."

한동안 침묵한 다음, 그녀는 이미 전화상으로 말했던 것을 반복한다. "저는 제 집을 거의 나갈 수 없어요. 물론 침대에서조차 나갈 수 없어요. 전 일어설 수 없어요. 흡인력이 있는 것처럼 계속 밑으로 잡아당겨져요. 아세요? 저는 고작 침대에서 나오기 위해 싸워야만 해요." 그녀는 마치 자신을 보호하려는 듯 두 팔을 머리 위로 올린다. "매일 아침 제 머리는 쇠방망이로 얻어맞는 것 같고, 저는 항상 마비된 것 같습니다." 그녀는 돌처럼 경직된 채 그 자리에 서 있다.

그리고 그녀의 눈은 눈물을 허용하지 않는다. 어떤 수분의 흔적조차도.

"에고." 안나 필라티는 생각한다. '사람을 고통의 사슬에서 해방시키기 위해서는 포옹하는 것만으로도 충분하지 않을까?' 그러나 이것은 한낱 덧없는 생각일 뿐이다. 그녀는 이미 리사가 자유로워지고자 한다면, 분명히 인생의 초기에 만들어졌을 이 치명적인 각인으로부터, 이 심각하고 고통스러운 증상으로부터 다시 자유로워지고 싶다면, 그녀가 되돌아 걸어야 하는 끝없이 긴 길을 보고 있기 때문이다. '그녀가 이를 위한 용기를, 힘을 그리고 통찰력을 갖게 될까? 그러나 계속해서 질문하지는 말자.' 그녀는 생각한다. '그것(질문들)은 아무 소용이 없어.' 대신 그녀는 부수적인 듯 말한다. "당신이

심리치료

쓴 어린 시절에 관한 원고를 읽었어요, 리사. 당신이 저를 신뢰하는 것에 감사드려요. 이제 제게 정보는 충분해요. 당신이 원한다면 우리는 치료를 시작할 수 있어요. 초기에는 3주 동안 날마다 제게 오는 것으로 합시다. 회기마다 시간제한은 없어요. 우리 이제 다른 방으로 가 봅시다."

지금 들어가는 방은 창문이 없고 외부 세계로부터 완전히 차폐되어 있어 소음이 내부에서 외부로 또는 그 반대로 침투할 수 없다. 벽과 바닥은 덮개를 씌우고 쿠션은 여기저기 놓여 있으며 조명의 강도는 리사가 자신의 필요에 맞게 조정할 수 있다. 리사는 밝은 빛으로 결정했다.

안나 필라티는 바로 바닥에 앉는다. 그리고 무릎을 세우고 벽에 몸을 기댄다. 리사는 경직된 채 계속 서 있다. "여기는 참 이상하군요." 그녀는 말한다. "창문도, 의자도, 소파도 없어요." 여기에 안나 필라티가 대답한다. "당신의 감정이 하고 싶은 대로 움직이세요, 리사. 당신은 방을 돌아다닐 수 있어요. 앉을 수도 있고요. 그리고 여기 내 옆에 앉을 수도 있어요."라고 말하면서 그녀는 손으로 부드러운 바닥의 자기 옆 자리를 가볍게 친다.

"그리고 쿠션들이 충분히 있지요."

"그래요, 필라티 선생님, 맞아요. 많은 크리넥스 상자도 있고 많은 휴대용 휴지도 있네요." 그녀는 고통스럽게 그녀의 눈을 문지른다. "저는 울지 못해요."

"때가 되면 그럴 때가 옵니다, 리사."

그녀의 내적인 갑옷이 그녀를 계속 똑바로 유지시킨다. 아주 갑자기 그녀의 눈이 마치 빛살이 이끌기라도 한 듯 안나 필라티의 손 위에, 그 위의 반짝이는, 꺼져 가는 불처럼 그녀를 향해 비추는 이 반지의 원석을 바라본다.

이제 그녀 또한 바닥에 앉는다. 그녀가 주저하듯이 말을 시작할 때 얼굴에 독특한 미소가 머문다. "아세요? 필라티 선생님? 무엇이 저를 다시 당신에게 오게 했는지를요?"

"아니요. 모릅니다, 리사. 대체 무엇이지요?"

"이 반지, 이 원석이에요." 리사는 대답하며 수줍게 그것을 만져 본다.

그녀에게 생기가 돈다. 아주 독특한 형태의 밝음이 그녀 얼굴 위에 서린다. 그녀에게 늘 공존하는 불안으로부터 해방된 듯한 표정이다. "생각해 보세요, 필라티 선생님. 제가 이 반지를 보았어요. 당신의 반지. 이 환상적으로 빛나는 빨간 원석을. 제가 이것을 기억했어요. 꿈속에서. 상상해 보세요,

심리치료

꿈속에서요. 그리고 그 아침에 제가 당신에게 전화를 한 거예요. 이게 기적 같지 않나요?" 그리고 이제 그녀는 깊은 한숨을 쉬면서 그녀가 결국 바닥 위에 드러누울 정도로 몸을 구부린다. 안나 필라티가 그녀에게 베개를 건네자 그녀가 그것을 끌어 머리 밑에 받친다.

"꿈속에서 이 반지를 보았다는 것이군요, 리사?"

리사가 이제 그녀의 꿈에 대해 보고한다. 아직도 생생히 기억하고 있는 것 같다. "큰 홀이었어요." 그녀가 시작한다.

"법정처럼 보였어요. 사람들로 초만원이었죠. 사람들이 나를 밀쳐대고 소리를 질렀어요. '너는 말해야만 해, 말해, 말해, 말해~!' 그러나 저는 더욱 절망적이 되었어요. 입을 열 수 없었어요. 마치 고문 기둥에 묶인 것처럼 마비된 것 같았죠. 번개가 홀을 관통했어요. 그리고 제 아래 모든 것이 지진이 일어난 것처럼 무너졌어요."

꿈 공포의 파장이 그녀를 압도한 것 같다.

긴 침묵이 이어진다.

그런 다음 리사는 갑자기 나타난 커다란 손에 대해 이야기한다. 그 손이 그녀의 입술에 손가락을 얹었다. 그리고 이 손에서 그녀는 반짝이는 빨간 원석을 보았다. "그런 다음 돌이

변했어요……." 그녀는 말을 멈췄다. 감동한 듯하다. "그래요. 그것은 불타는 일몰로 변했어요."

힘들게 그녀가 앉는 자세로 몸의 위치를 바꾼다. 끌어안은 다리는 팔에 단단히 감싸여 있다. 그녀의 몸이 절망한 아이처럼 왔다 갔다 흔들거린다. 다음으로, 손가락이 그녀의 이마를 눌러 마치 그녀가 뇌의 이 영역에서 무언가를 활성화하여 그것을 통해 그 꿈의 세계의 어둠 속에서, 그 카오스에서 질서를 찾고자 희망하는 듯하다. 조용히 그녀는 반지에 대해서 말하기 시작한다. "이것은 영원한 순환의 상징이지요." 그녀가 속삭인다. "그래요, 격투의……." 그녀는 숨쉬기가 힘들다. "무엇을 향해서? 속죄를 위해? '격투하다(레슬링하다)'라는 단어에도 '반지'라는 단어가 들어 있지 않나요?[1] 격투와 반지, 이것은 곧 하나임을 의미합니다. 반지는 또한 애착의 상징이기도 하지요."

안나 필라티가 그녀의 말을 중단시킨다. "당신에게 떠오르는 모든 말이 아름답군요, 리사. 그러나 합리적 해석으로 꿈

---

1) 역주: 격투하다는 ringen이고, 반지는 Ring이다. 곧 독일어의 격투하다 ringen에서 뒤에 있는 en을 빼면 반지 Ring이 된다.

심리치료

의 진정한 메시지가 규명되지는 않습니다. 우리가 그에 대해서 이미 이야기했는데요, 이성 또한 수면 중에는 잠을 자러 갑니다. 꿈 내용은 정서(감정)의 내용이어서 이성으로 향하지 않습니다."

"꿈은 무의식에 저장된 외상들과 불안, 고통 그리고 다른 감정들을 위한 상징을 찾지요. 우리는 먼저 느껴야 합니다. 그다음 생각해야 합니다. 자리에 누우세요, 리사. 누웠을 때 우리는 느낌에 더 가까이 있게 됩니다. 눈을 감으세요. 그리고 이 커다란 꿈의 느낌을 체험하도록 시도해 보세요."

이제 리사의 목소리는 울 것처럼 들린다. "전 항상 씹고, 씹고 또 씹듯이 생각해야 합니다. 그리고 말하고 또 말합니다. 이제 더는 할 수 없어요. 전 아주 망가졌어요." 깊은 절망감이 그녀에게서 확실한 자리를 만든다. 모든 호흡은 삶의 부담으로 가득 차 있다.

안나 필라티가 부드럽게 리사의 팔을 잡는다. "우리는 시간이 있어요, 리사. 시간이 많이 있어요."

침묵, 긴 침묵이 이어진다.

그다음 번뜩이는 직감이 그녀에게 말하게 한다. "전 죄가 있다고 느껴요, 필라티 선생님, 아주 큰 죄가 있어요." 다시 한번 그녀는 꿈의 내용을 이야기한다. 커다란 법정과 그녀를 밀친 많은 사람, 그녀를 가리키는 손가락들, 자꾸 부르는 날카로운 목소리, 말해, 말해, 말해……. 그러나 저는 아무것도 말할 수 없었어요. 저는 무엇을 말해야 할지 전혀 몰라요." 그리고 결국 그녀는 쏟아놓을 말을 쏟아 낸다. "에고, 필라티 선생님, 당신이 아실는지 모르겠지만…… 저는 제 남편의 죽음에 죄가 있어요."

'이 무슨 자기고발인가?' 안나 필라티는 생각한다. '왜 리사는 이렇게 큰 죄책감을 키웠을까? 그것이 그녀의 애정 없는 아동기와 연관이 있을까? 이런 부담스러운 배경을 가진 아이들은 종종 과각성과 함께 과도한 죄책감을 갖게 되기 때문이다. 이 아이들은 가정한다. 그들이 충분히 좋은 아이들이 아니며 그래서 사랑받지 못했을 것이라고. 이들의 죄책감에는 희망이 숨겨져 있다. 내가 좋은 아이가 된다면, 더 좋은 아이가 된다면 아마 바라는 사랑을 받게 될 거라고. 사람마다 매우 다른 무의식적인 과정이다. 그러나 아직 단정 짓기는 너무 이르다. 나는 그것에 대해 리사와 이제 이야기해야 한다. 그녀는 모든 것을 직접 체험해야 한다.' 안나 필라티는 계속해서 생각을 이어 간다.

심리치료

'근본적으로 더 깊은 수준의 죄책감은 우리의 인간 존재감과 관련이 있는 것은 아닐까? 인간이 세상에 태어나면 자신의 무의식 속에서 과제를 갖게 된다. 그것은 자신의 삶의 의미를 발견하고 사랑받는 인간이 되라는 것일 것이다. 이것이 괴테의 의미에서 '당신이 시작한 법' 아닐까? 그리고 여기에 죄책감의 생성 원천이 있는 것은 아닐까? 곧 사람들이 더 높은 법, 최고 법정 앞에서 자신의 개인 임무를 충분히 이행하지 않았음을 어렴풋이 알아차리는 것은 아닐까? 여기에 바로 기도의 가장 깊은 의미가 있지 않은가? 모든 기도는 근본적으로 도움을 구하는 외침, 인도와 용서를 구하는 것이 아닌가?'

안나 필라티는 다시 리사를 바라본다. 리사가 지금 말하는 모든 것은 무의식적으로 그녀의 영혼의 어둡고 위로 없는 억압에서 흘러나온다. 그녀의 손이 떨린다. 그리고 안나 필라티를 운명의 공포로 가득 찬 얼굴로 바라본다.

"내가 함께 따라갔어야 했어요." 리사는 호소한다. "그는 언제나 기꺼이 나를 여행에 데려가려 했어요. 아~ 정말, 내가 함께 운전하고 떠나야 했는데……. 그랬다면 분명히 사고는 일어나지 않았을 거예요."

긴 침묵이 이어진다. 다음에 그녀는 남편의 많은 종전의 연주 여행에 동행했다고 보고한다. 그러나 그녀에게 매우 빨리 격렬한 편두통과 구토와 함께 '낯선 곳에 있는' 숨 막히는 감정이 나타났다는 것이다. 그래서 그녀는 모든 계획을 뒤죽박죽 만들어 버렸다. "그래서 제가 집에 있게 되었어요. 그러나 여기서도 저는 똑같이 비참함을 느꼈어요. 저는 제가 하고 싶은 것을 할 수 있었어요. 그러나 제가 하는 모든 것은 그렇게 끝나 버리고 말았어요……." 그녀는 더 이상 이야기하지 않는다.

하지만 절망이 그녀의 온몸에 범람하기 시작하고 그녀는 바닥에 구른다. "오, 나의 이 죄, 나의 이 죄!"

그녀는 공포스러운 아이의 눈으로 안나 필라티를 바라본다. 안나 필라티는 조심스럽게 그녀의 팔 위에 손을 얹는다. "리사, 당신의 남편에게 말하세요. 그에게 모든 것을 말하세요. 그를 어떻게 부르죠?" 완전히 상관없는 듯한 대답이 나온다. "렌하르트." 리사는 완전히 이해할 수 없어서 머리를 가로젓는다. "왜죠? 왜 그와 이야기해야 하죠? 그는 제게 아무런 대답도 줄 수 없잖아요. 그는 더 이상 여기에 없어요. 여기에 없다고요!" 무망감에 가득 차서 그녀가 양손으로 바닥

심리치료

을 친다.

매우 신중하고 조용히 안나 필라티가 설명해 보려 한다. "눈을 감으세요. 당신은 말없이도 그와 이야기할 수 있어요. 당신의 감정을 그에게 보내세요. 원하신다면 그에게 간청하세요. 리사, 간청할 수 있을 때 구원이 있습니다."

이 말에 그녀는 그저 고개를 끄덕일 뿐이다. 그러나 바로 그녀는 도망칠 수 없고 탈출구도 없는 고치집 속의 누에처럼 갇혀 있다고 느낀다. 그래서 완전히 자동적으로 다음 생각으로 전환된다. 그 질문은 짧고 명확하다. "치유가 됩니까, 필라티 선생님? 당신이 제게 시작하려는 이런 방법으로?"

대답도 똑같이 짧다. "리사, 저는 치유에 대해서 모릅니다. 그러나 이것만은 압니다. 근본적인 것이 감춰져 있지만 체험할 수 있다는 것이죠. 당신은 당신의 진실을 발견하고, 그것은 당신을 자유의 길로 인도하며, 당신이 얻는 모든 부분, 부분의 자유가 당신을 변화시킬 것입니다."

리사의 얼굴에 지금 곰곰이 생각하고 있다는 표정이 드리운다. 그녀는 과연 이 길을 모험하면서, 한 걸음 한 걸음씩, 그 발걸음이 어디로 인도되든, 한편 어떤 감정의 눈사태가 그녀에게 일어나든, 천천히 앞으로 나아가고자 할 것인가? 다시 한번 그녀는 중얼거린다. 자기 자신에게 확신시키려는 듯이. "사람은 두려움과 고통에 대해 스스로 생각할 수 없고 오직 표현할 뿐입니다." "맞습니다, 리사. '표현한다는 말은 재경험으로 인도된다'는 것입니다. 제가 당신 곁에 함께 있을 것입니다."

깊은 한숨을 쉰 후 리사는 눈을 감는다. 그녀는 안나 필라티가 자신에게 권했던 것을 시도한다.

굳은 채로 움직임 없이, 눈을 감고 그녀는 오랫동안 거기 누워 있다. 그러나 천천히 자신의 오성에서 벗어나 감정의 세계로 빠져드는 것 같다.

시간이 간다.

리사는 남편과의 깊은 침묵의 내적 대화를 끝낸다. 결국 그녀는 울고 만다. 그리고 계속 말할 수밖에 없나 보다. "저는 착하고 싶었어요. 아주, 아주, 아주 착하고 싶었어요." 그리고 다시 팔을 하늘로 뻗어서 "아주, 아주, 착하고 싶었는데."

안나 필라티는 지금 하늘에 간청하는 이 팔의 과장된 몸짓에서 좋은 징조의 느낌을 받는다. 곧 리사가 본질적인 것을 이해했다는 것이다.

마침내 리사는 훨씬 이완된 표정으로 말한다. "아주 미칠

심리치료

만큼 착하려고 했어요. 아~주 미칠 만큼." 이제 그녀는 약간 미소를 짓기도 한다. 그리고 또다시 팔을 하늘을 향해 뻗는다. "저는 아주 미치도록 착하고 싶었어요, 필라티 선생님, 아주 미치도록 말이죠……." "……좋아요, 리사. 계속하세요. 그것이 당신의 감정을 알아 가는 방법입니다."

리사의 아동기 개인력에서 안나 필라티는 리사가 사라진 기억의 흔적을 따라 현재의 고통의 원인을 찾기 위해서 되돌아가야 하는 길고 긴 길을 이미 예감했다. 아침에 잠에서 깨면 리사는 머리를 망치로 얻어맞는 것 같은 느낌을 받는다. 그녀는 매우 힘들게 노력해서 침대와 집을 떠날 수 있다. 이러한 심각한 증상은 매우 초기의 트라우마의 반영, 곧 현재에 미치는 반영이다.

안나 필라티는 리사를 바라본다. "보세요, 리사. 우리가 무엇을 하고자 하나요? 우리는 많은 계단을 가진 사다리를 만들 거예요. 지금부터 깊은 과거까지 연결되는 튼튼한 계단을 가진 사다리요. 그리고 그것이 성공하면, 리사, 당신은 출구를 찾을 것입니다. 그리고 당신을 억누르는 이 모든 감정을 이해하고 분류하고 통합할 수 있게 됩니다. 현재는 심각한 죄책감이 당신을 억누르고 있습니다. 당신은 남편의 죽음에 대해서도 죄책감을 느끼고 있어요."

리사가 힘들게 숨을 쉰다. "그래요, 제가 그러고 있어요."

"당신의 꿈은 또한 동일한 죄책감을 깊은 곳에서 높은 수준의 의식으로 끌어올리려고 시도하였고, 당신은 그것들을 현재와 연결할 수 있었습니다. 그리고 이제 리사, 당신은 아마도 어제, 그제 또는 심지어 그끄저께 있었던 것 같은 느낌을 찾고 있습니다."

시간이 간다.

결국 그녀는 손을 모으고 뭔가 들리지 않게 속삭이며 애원하는 아이의 인상을 풍긴다. 그녀는 지금 자신의 정서 속 어디 즈음에 있을까? 고통 속에? 다시 그녀의 남편에게? 꿈속에? 아니면 깊은 곳으로부터 의식으로 자유롭게 떠오른 그런 기억이 있을까? 이내 그녀가 이야기를 시작한다.

"제가 학교 가는 길에 구걸하는 여자를 만났던 게 대략 열 살 때였어요. 이 여자는 지하도의 차가운 바닥 위에 앉아 있었어요. 그녀가 제게 한 손을 펴고 내밀었어요. 저는 그냥 멈춰 서 있었죠. 그때 그녀가 제게 자기의 운명에 대해 이야기했어요. 공포스러운 끔찍한 일이 그녀의 발에 발생했다고 해요. 그녀는 발가락을 잃었어요. 그녀의 차림새는 차마 볼 수

심리치료

가 없었어요. 그리고 그녀는 다시 자기의 양손을 펴서 제게 내밀었어요. 그러나 저는 당연히 돈이 한 푼도 없었죠. 아무 것도 그녀에게 줄 수 없었어요. 그리고 저는 학교로 가던 길을 계속 갔지요. 학교 책상에 앉아 있을 때 그 불쌍한 여자가 눈에 선했어요. 제게 구원이 될 생각이 들 때까지 학교 수업은 더 이상 안중에 없었어요. 저의 아침 빵2)을 그녀에게 주면 좋겠다고 생각했어요! 저는 갈망하면서 쉬는 시간을 기다렸어요. 그리고 목숨을 걸고 그녀에게 달려갔죠. 하지만 모든 것이 허사였어요. 그녀는 더 이상 그곳에 없었죠."

긴 침묵.

그런 다음 그녀의 오른손이 작은 주먹을 움켜쥔다. 그녀는 한 눈에도 크게 낙심하여 부드러운 바닥을 치기 시작한다. "항상 그랬어요, 항상, 항상, 저는 항상 그런 식이었어요. 그렇게 미칠 만큼 저는 항상 착해야만 했어요. 저는 가능한 모든 것을 사전에 다 해 놓지 않고서는 학교에 갈 수 없었어요. 방 정리, 모든 침대 정리…… 그런데도 불구하고 맙소사! 저

---

2) 역주: 독일에서는 일어나자마자 집에서 매우 간단한 첫 번째 빵 그리고 학교에서 두 번째 아침 빵을 먹는다.

는 항상 죄책감을 느끼고 학교에 갔어요. 거친 내면의 목소리가 제게 말했어요. '너는 충분히 잘하지 않았어.' 그렇게, 항상 그렇게 학교는 시작되었어요, 날이면 날마다."

그녀는 벌떡 일어선다. 조명을 반 어둡게 조절하기 위해서이다. 그러고는 다시 바닥에 길게 드러눕는다. '좋아.' 안나 필라티는 생각한다. '그녀는 더 깊이 느끼기 위해 자신에게 무엇이 필요한지 아는 거야.'

"필라티 선생님." 그녀가 말한다. "선생님은 아마 상상할 수 없을 거예요. 제가 아이일 때 어떤 강박에 사로잡혀 있었는지. 제가 도로를 가로질러 가려 할 때는 끔찍한 생각들이 저를 압박했어요. '너는 해야만 해.' 그렇게 제 안에서 말했어요. '너는 차보다 먼저 앞서서 길을 건너야 해. 그러나 차가 네게 최대한 가까이 다가오도록 해야 해. 그러면, 그래, 그러면 넌 엄마의 목숨을 구할 수 있게 될 거야.'" 그녀는 몸을 세우고 손으로 얼굴을 감싼다. 고통받는 그녀의 영혼에서 나오는 충격적인 소리가 들린다. "오오." 그녀의 몸이 떨린다. "자동차 타이어가 (급정거로) 끼익하는 소리가 들리고, 운전자들이 고성을 지르는 소리가 들립니다. '조심하지 못해?' 어떤 사람은 손으로 제 뺨을 때리기도 했습니다. 저조차 더는 저를

심리치료

이해하지 못했어요."

시간이 흐른다.

리사는 완전히 웅크리고 있다.

안나 필라티는 "리사, 엄마에게 말하세요."라고 말했다. 그러자 그녀가 작은 소리로 계속한다. "엄마."

잠시 후 격렬한 울음으로 리사의 몸이 흔들린다. "엄마, 엄마, 제 곁에 있으세요. 절 떠나지 마세요. 모두 다, 모두 다 제가 할게요, 엄마." 그런 다음 깊고 깊은 곳으로부터 나오는 소리가 있다. "돌아오세요, 다시 돌아오세요, 아~ 제발 다시 돌아오세요."

그런 다음 그녀는 남편인 렌하르트에게로 전환한다. "다시 돌아와, 렌하르트. 다시 돌아와, 아, 다시 돌아와." 고통 속에서 그녀는 이제 거의 더는 이 세상에 존재하지 않는다. 댐이 무너졌고, 댐으로 막고 억눌렀던(억압했던) 모든 것이 저항 없이 자유의 길로 들어선다.

그녀가 천천히 매 단어를 마지못해 말할 때까지 많은 시간이 간다. "저는 어린아이였을 때 어디에 있든 방치되고, 혼자이고 버려졌다고 느꼈어요. 그리고 당신이 '엄마'라고 말하라 했을 때, 모든 것이 다 터져 나왔어요. 그리고 제 입술을 보세요." 그녀가 손가락으로 입술 위를 문지른다. "완전히 부어 있어요. 제 어린 시절에 항상 그랬던 것처럼 똑같이 부어 있어요. 어떻게 이렇게 되죠, 필라티 선생님? 어떻게 이렇게 되나요?"

안나 필라티는 리사를 위해 신중한 목소리로 설명한다. "그것은 오랫동안 축적된 커다란 정신적 고통이 표현되는 신체의 반응입니다. 당신은 매우 깊이 느꼈을 것입니다." 리사는 아직 입술이 부어오르는 현상을 해결할 수 없다. 그녀는 손가락으로 입술을 계속 만지다 잠시 멈추고 늘어진 목소리로 말한다. "우리 몸의 저장고란 얼마나 폭력적인지! 비극이자 동시에 기적이군요."

"그렇습니다, 리사. 그러나 우리가 모든 비극에서도 기적을 위한 관점을 열어 두어야 하는 것이 무엇보다 중요합니다. 축하드립니다, 리사."

이제 리사의 얼굴은 약간의 유머를 보여 준다. 그러나 이것은 깊은 고통에서 나오는 특별한 형태의 유머이다.

"그렇지만 리사, 이제 우리의 아름다운 그림, 늑대와 양에 대해 다시 생각해 봅시다."

리사가 말을 중단시킨다. "멋진 그림이죠. 선생님은 필시

심리치료

지금이 늑대가 양에게서 배운 것을 우리에게 말할 차례라고 말씀하시고 싶으시겠죠."

"정확히 그렇게 생각했어요. 자, 이제 그에게 말하게 합시다."

늑대와 양에 대해 대화를 시작하는 것은 확실히 어렵지 않은 것이며, 첫 번째 치료 회기를 끝내는 좋은 방법일 것이다.

리사가 요약한다. "제 늑대는 절망적인 양이 그의 귀에 무엇을 흘렸는지 이해했습니다." 그녀는 미소 짓는다. "제 늑대는 훌륭해요. 저는 그에게 만족해요. 그가 꿈에서 —법정에서—표현된 죄책감은 현재의 슬픔과 죄책감을 반영한다고 말합니다. 그리고 이것들은 어린 시절에 저장된 죄책감과 방치됨에 의해 더욱 고조되고 심지어 견딜 수 없을 정도가 됩니다."

"멋져요, 늑대가." 안나 필라티가 칭찬한다. "옳은 연결이었어요."

"그리고 꿈속에서의 기적을 우리가 절대 잊지 말아야겠어요, 필라티 선생님. 당신 반지 속의 그 놀랍도록 아름다운 원석이 저를 이곳으로 인도했잖아요."

안나 필라티가 반지를 어루만진다. "기적이 우리와 함께 있군요, 리사. 좋은 징조입니다. 내일 다시 같은 시간에 봅시다."

＊ ＊ ＊ ＊ ＊ ＊

리사는 1분도 틀리지 않고 정확하게 제시간에 왔다. 그러고는 곧바로 치료실로 들어서서 조명을 어둡게 조정한다. 크리넥스 사각휴지 통을 가져다 옆에 두고 부드러운 바닥에 몸을 길게 하여 드러눕는다. 그리고 쿠션을 머리 밑에 받친다. 이제 그녀는 고통으로 가득 찬 내적 세계로 먼 여행을 떠날 준비를 제대로 한 것 같다. 침묵이 그녀를 휘감는다. 크고 육중한 침묵이.

그러나 오래 지속되지는 않을 것이다. 안나 필라티는 그것을 이미 느낄 수 있다. 그녀는 곧 이야기를 시작할 것이다. 그리고 바로 그랬다.

리사는 자책한다. 그녀가 남편을 (미국 콘서트 투어에) 혼자 가게 했다고, 그녀가 남편에게 충분히 사랑스럽게 하지 못한 것이라고……. 모두가 기본적으로 범하는 인간의 작은 실수들이다. 그녀는 죄책감의 물속에서 허우적거린다. 물이 그녀의 목까지 차올랐다. 차라리 그녀는 죽고 싶다. 안나 필라티가 조용히 말한다. "렌하르트, 렌하르트, 날 용서해 줘, 내가……." 안나 필라티는 말을 중단하고 리사가 이 문장을 완

심리치료

성할 수 있을지 기다린다. 그러나 리사는 격한 울음을 터트린다. 훌쩍이면서 "렌하르트, 렌하르트, 제발……." 그녀의 말은 더 이상 알아들을 수 없다. 그러나 그녀는 남편과 대화 중에 있다. 마침내 그녀는 마치 평화를 찾은 듯 깊은 한숨을 쉬며 대화를 끝낸다.

지금은 안나 필라티가 조심스럽게 이야기할 좋은 시간이다. "리사, 사랑 없이 자란 아이는 자신이 충분히 좋지 않기 때문에 사랑받을 자격이 없다고 믿습니다. 그래서 죄책감을 키우고, 나중에는 그것을 받아들이고 사랑받기를 바라면서 더 나아지고 나아지려고 노력합니다."

리사가 그 말에 지지의 표시를 한다. "맙소사!" 그리고 이마에 손을 얹고 한동안 생각한 다음 질문하듯이 반복한다. "그러니까 제가 제 인생의 초기에 받지 못했던 것, 그 사랑 때문에 실제로 죄책감을 갖는다는 것이죠? 이제야 처음으로 분명해졌어요. 제가 왜 세상의 모든 것을 위해서 항상 잘하려고 했는지 말이에요." "그래요, 좋아요." 깊은 한숨을 내쉬며 다시 한번 말한다. 그녀의 눈은 안나 필라티를 바라본다.

"맞아요, 리사."

잠깐 멈춘 안나 필라티는 리사가 비슷하게 이런 강한 죄책감을 가졌던 때를 기억할 수 있는지 묻는다.

"네." 곧바로 대답이 튀어나온다. 그녀가 아주 작은 아이였을 때, 아마도 여섯 살이었을 때 접시를 한 개 깨뜨렸다고 한다. 그리고 그때 그녀는 깨어진 조각들을 들고 떨면서 어머니 앞에 서 있었고 그 순간이 그녀에게는 세상의 종말 같았다고 한다. 어머니는 전혀 나쁘게 반응하지 않았는데도 말이다.

이제 그녀에게 그 또한 분명해졌다. 왜 그녀가 어머니를 위해서 사전에 가능한 한 모든 것, 침대 정리, 청소 그리고 더 많은 것을 다 해 놓지 않고서는 학교에 갈 수 없었는지를……. 그럼에도 그녀는 매일매일 자신이 충분히 잘하지 못했다는 확신과 함께 집을 나섰던 것이다.

또 다른 기억이 떠올랐다. 그녀는 아직 매우 어린 나이였다. 부엌의 벽에 부착된 황동 손잡이를 닦았다. 작은 손가락으로 닦고 또 닦으면서 손잡이가 너무 빛나서 부엌이 빛을 발할 수 있다는 상상을 했다. 그러면 어머니가 놀라게 될 것이고 기뻐할 것이다.

침묵.

안나 필라티는 알고 있다. 그녀는 지금 침묵해야 하며, 리사가 그녀 내면의 여전히 무의식적인 세계에 점점 더 많이

심리치료

접근할 수 있도록 안나 필라티의 수동성과 공감이 필요하다.

마침내 리사가 다시 그녀의 버림받은 느낌에 대해 이야기하기 시작한다.

"버림받은 느낌은 저를 거의 미치게 만들어요, 필라티 선생님. 그것은 누군가 저한테서 떠날 때 완전히 저를 뒤흔들어요. 심지어 누군가 휴가를 떠난다고 알려 주기만 해도 벌써 그래요. 남편이 콘서트 투어를 갔을 때 정말 충격적이었어요. 결혼 초기에는 제가 항상 함께 갔지요. 하지만 그다음 낯선 사람들 속에 있다는 느낌이 저를 완전히 엉망으로 만들었어요. 편두통이 심해서 저는 렌하르트에게는 오직 방해물이었을 뿐이에요. 저 혼자 집에 있을 경우에는 끝없이 길을 잃은 것처럼 느꼈어요. 그러니까 저는 제가 원하는 것을 할 수 있었지만 모든 것이 지옥에서 끝이 났어요."

"오늘은 어떤 느낌이에요, 리사?"

"죄책감이 들고 제 남편에게서 버림받았다는…… 이제 그를 절대로 다시는 보지 못할 거잖아요. 그는 결코 다시는 제게 돌아오지 못하는 겁니다. 그럴 때 저는 항상 고립된 아주 작은 아이처럼 느껴져요. 언제나 방치되기만 하는……." 그녀가 훌쩍거린다. "바로 그거예요. 아마 그럴 거예요. 엄마가 언젠가 제게 한 번 말했던 것을 기억해요. '네가 한 살 반일 때 너를 멀리 떨어져 있는 작은 마을에 사는 네 할머니께 아마도 두세 달 정도 맡긴 적이 있지. 네가 다시 돌아왔을 때 너는 항상 내 치마폭을 놓지 않았어. 너는 나를 절대 놓아주지 않았지. 그리고 그때 나는 느꼈어. 내가 뭔가 잘못했구나 하고.'라고요."

그녀는 안나 필라티를 질문하듯이 바라본다. "여기에 극심한 버림받음의 공포에 대한 토대가 이미 형성되었다고 보세요, 필라티 선생님?"

"당신이 알게 될 거예요, 리사, 그런데 당신은 아나요? 당신이 할머니와 어떤 관계였는지 말이에요?"

"관계라는 것은 없었어요. 그분은 제게 냉담했어요. 얼음처럼 차가웠죠."

"아주 확실해요, 리사. 그렇게 이른 분리는 작은 아이에게는 매우 심각한 부담이 됩니다. 당신의 감정을 믿으세요. 당신의 감정은 속임수가 아닙니다. 성급한 해석은 오류를 만듭니다." 안나 필라티가 계속한다. "그리고 아마도 그 외상은 더 이른 외상의 반복이었을 것입니다. 그것도 당신은 분명히 알게 될 것입니다."

심리치료

"더 일찍이라고요, 필라티 선생님?"

"저장은 삶의 시작부터 시작되며, 트라우마가 일찍 설정될수록 더 운명적입니다." "(뒤돌아볼) 먼 길이 되겠군요." 리사는 심호흡과 함께 몸을 곧게 펴고 이제는 앉아 있는 자세를 고정한다. "저는 쓰레기더미 속에라도 있듯이 나쁜 불안에 휩싸인 느낌이에요. 저는 언젠가 미치게 될까 봐 두려워요."

"그것은, 리사, 당신이 아직 어린 시절의 모든 정서를 알지 못하기 때문에 그렇습니다. 당신이 그것을 알게 되면 미쳐 버릴까 봐 불안해할 필요는 없습니다."

"그리고 이 우울증은요? 필라티 선생님! 이 끔찍한 우울증은요?"

"그것은 알 수 없는 감정의 가면에 지나지 않습니다. 당신이 그 감정을 되살리게 된다면 우울증은 사라집니다."

리사는 놀란다. 그녀는 이제 억압된 감정을 말하기 시작한다. "버림받음이 아마도 가장 스트레스가 많은 것일 거예요. 죄책감 또한 매우 나쁘죠."

"자신이 바로 지금 느끼고 있는 부정적인 감정이 아마 최악으로 보일 것 같습니다."

"죽음의 공포, 필라티 선생님, 그것이 전적으로 두려워요,

말할 수 없을 만큼 무시무시해요. 제가 아주 조금이라도 아프면 금세 참을 수 없는 불안감이 재빠르게 올라오고, 그럼 저는 죽을 것 같아서, 미쳐 버릴 것 같아서 두려움에 떨어요."

"리사, 다시 말해서 당신이 당신의 모든 감정을 다시 체험하고 알게 된다면, 그래서 그와 함께 진실을 더 잘 알게 된다면, 당신은 미치지 않게 될 거예요. 특히 당신도 '제 늑대는 훌륭해요.'라고 말했죠. 그리고 그게 맞아요, 리사. 당신은 그를 신뢰할 수 있을 거예요. 그리고 당신은 잠수할 용기(역주: 과거 경험 및 감정에)가 있습니다."

긴급하게 리사는 다음 질문을 한다. "이제 모든 감정은 이 세 가지와 관련됩니까, 필라티 선생님?"

"체험하게 될 거예요, 리사!"

"그래요. 그리고 분노는 어떻습니까? 그것이 네 번째 감정일까요, 필라티 선생님?"

"분노는 원래 의미에서의 감정은 아닙니다, 리사. 분노는 격정이며 강한 흥분입니다. 그것은 깊숙한 곳의 감정에 대한 반응이며 더 잘 표현한다면 깊은 곳의, 대부분은 무의식적인 감정에 대한 방어입니다."

"분노는 먼저 자유로워져야 합니다. 특히 치료에서는요.

심리치료

그렇지 않으면 영혼이 질식할 것입니다. 그러므로 분노가 일어날 때 더 깊은 감정을 얻기 위해서 그것을 참지 말고 내보내세요. 또한 분노에 갇혀서도 안 됩니다. 아니면 과정이 멈출 것입니다."

좀 더 긴 침묵. 그런 다음 리사는 "그러면 거기 아주 많은 다른 작은 감정이 있겠군요. 맙소사!"라며 손사래를 친다.

"영어 속담이 있어요, 리사. '큰 물고기들을 찾으라. 그러면 작은 물고기들이 뒤따라온다.'라는 겁니다."

생각에 잠긴 표정으로 리사가 말한다. "멋진 속담이네요, 필라티 선생님…… 하지만 우리는 여전히 많은 것을 가지고 있습니다!"

"그렇습니다, 리사."

안나 필라티가 리사를 출입문까지 배웅한다. "그럼 내일 봅시다."

"필라티 선생님, 저에게 아직 질문 하나가 더 있어요."

"네, 리사."

"이제 진실은 어떻습니까? 우리 인간은 객관적인 진리를 아는 데에 재능이 없다고 당신이 말한 적이 있습니다. 그렇다면 지금 진실이란 무엇을 의미합니까? 당신은 좀 전에 제가 제 진실을 볼 수 있을 거라고 말했는데, 그렇다면 여기에 모순이 있는 게 아닙니까?"

"기억을 아주 잘 하시는군요, 리사! 저는 진실이란 당신 안에 저장된 감정이 인식되는 것이고 느낌으로 인식되는 것이라고 이해하고 있습니다. 이 감정이 당신의 진실이고, 이것과 관련하여 중요한 것은 바로 이 진실에서 다른 모든 것이 발전할 것이라는 겁니다. 다른 어떤 것도 아닌 이 주관적인 진리만 찾아야 할 것입니다."

리사는 침묵한다. 그리고 안나 필라티는 동화를 통해 그녀의 진술을 명시해 보고자 한다.

동화 속에는 깊은 집단 지혜가 표현되어 있다. "리사, 동화 『룸펠슈틸츠헨(Rumpelstilzchen)』을 생각해 보세요. 그것을 물론 알고 있죠?"

리사가 고개를 끄덕인다.

"룸펠슈틸츠헨은 왕비의 아기를 출생 즉시 빼앗아 가기로 했죠. 그러나 아이에 대한 그의 마법의 힘은 왕비가 그의 이름을 알게 될 경우 사라지게 됩니다. 룸펠슈틸츠헨이 어느 날 밤에 노래하고 춤추면서 '아, 아무도 내가 룸펠슈틸츠헨이라는 것을 모르니 얼마나 좋을시고!'라고 했을 때, 왕비는 그의 이름을 알게 되었고 그 사악한 마법은 무너지게 됩니다. 룸펠슈틸츠헨은 그의 힘을 잃게 되죠. 이해하시죠, 리사? 당신이 당신의 깊은 정서를 느끼고 그와 함께 그것을 인식하게 되면 그리고 그것의 이름을 말할 수 있으면 그것은 그 마법의 힘을 잃게 됩니다. 당신은 당신의 진실을 비유적으로 말했어요. 그리고 그것을 눈으로 보았고 한 걸음 자유로 가는 길을 밟았습니다."

동화를 바탕으로 한 이 설명은 리사를 사려 깊게 만드는 것 같다. 그녀는 침묵하다가 말한다. "동화와 꿈은 비슷한 과제를 갖고 있군요." 그녀는 계속 연상한다. "그리고 '꿈(Traum)'과 '외상(Trauma)'의 두 단어는 거의 차이가 없습니다…….".[3] 그리고 마치 작은 탐색견처럼 그녀는 계속 탐색한다. 안나 필라티는 그것을 방해하지 않는다. 마침내 그녀가 계속한다. "'당신은 비유적으로 말해서 당신의 진실을 눈으로 보았고 자유로 가는 길을 밟았습니다.' 당신의 이 말은 아주, 아주 오래전 한 꿈을 기억나게 합니다."

---

3) 역주: 독일어로 외상은 꿈 Traum에 철자 a가 하나 더 추가된 것이다.

"말해 보세요, 리사."

그녀가 이야기한다. "꿈에서, 깊은 어둠 속의 철창 뒤에서 아이들이 커다란 눈으로 멀리 내다보고 있었어요. 저는 엄청 큰 두려움과 함께 이 꿈에서 깨어났어요. 어둠 속에 갇힌 철창 뒤의 아이들의 큰 눈이 저를 얼게 만들었어요. 하지만 필라티 선생님, 저는 구원적 생각을 했습니다. 바로 저를 해방시키는 생각이었어요. '그렇지만 올빼미는 정말로 어둠 속에서도 볼 수 있어! 왜 아이라고 할 수 없겠어?' 그리고 그때부터 올빼미는 저의 행운의 동물이 되었어요." 그녀가 웃는다. "저는 거대한 올빼미 컬렉션을 가지고 있어요."

잠깐 생각에 잠겼다가 그녀는 말을 계속한다. "선생님의 반지에 관한 그 꿈 말이죠, 필라티 선생님, 기억하시죠? 이 꿈 또한 두 가지 기능을 하고 있어요. 하나는 제 현재 상황에 대해 제가 감정에 사로잡힌 포로임을 깨닫게 해 주고 동시에 미래에 대한 해결책을 제공하고 있습니다. 즉, 진실을 회피하지 않고 볼 수 있게 하지요." 그녀가 머리를 양옆으로 흔들며 편안하게 뒤로 몸을 기댄다. "이런 꿈은 진정 기적입니다!"

이 통찰과 함께 긴 시간의 회기가 마감되었다.

심리치료

* * * * * *

시간이 간다…….

그러나 그녀의 고통과 슬픔은 아니다. 방치된 감정과 죄책
감은 아니 간다. 그렇지만 감옥의 문은 이미 조금씩 열리기
시작했다. 치명적이라고 느꼈던 억압이 점점 더 풀리기 시작
했다. 그러나 해방감이 증가함에 따라 그녀는 점점 더 감정
세계의 공허함과 황폐함을 인식하게 되었다.

* * * * * *

오늘 안나 필라티는 리사의 행동에서 작은 변화를 눈치챘
다. 그녀는 이전에 정확히 시계가 종을 칠 때 문 손잡이를 눌
렀지만 오늘은 10분 일찍 그렇게 한다. 또한 그녀의 도착을
알리기로 결심한 것 같다. 그녀의 외모와 완전히 일치하는
이전의 소심함을 보이지 않고 초인종을 두 번 울린다. 아니,
다시 말해, 그녀는 요구하듯이 벨을 누른다. "문을 여시오."
그리고 거기 그녀가 서 있다. 더 용감해진 리사가. 처음으로
살짝 화장을 한, 그녀의 영리한 얼굴이 부드럽고 넓은 터틀

넥 스웨터 밖으로 창백하고 독특한 매력을 풍긴다.

　손에는 약간 누렇게 변한 문서들을 들고 있다. 그녀는 그것을 곧바로 안나 필라티에게 건넨다. 그리고 감정이 담긴 목소리로 말한다. "필라티 선생님, 헤르만 헤세가 열다섯 살에 아버지로부터 정신병자 수용소에 처넣어진 것을 알고 계셨나요? 슈테텐시에 있는 정신병자 수용소예요. 읽어 보세요. 헤세가 아버지에게 쓴 것을 말이죠." 안나 필라티는 읽는다. "아버지가 집이나 대학에서 저를 아들로서 필요로 하지 않는다면 아들도 정신병원에서 아버지께 어떤 도움이 되는 일도 하지 않을 것입니다. 세상은 아주 크고 어느 한 사람 정도는 상관하지 않습니다." 그녀는 계속해서 읽는다. "저는 정말 도망가고 싶습니다. 그런데 이 싸늘한 가을에 어디로 갈까요? 돈도 없이, 목적지도 없이, 암흑 속으로 들어갈까요? 사냥꾼이 가로지르는 나라에서 어디로 말이죠? 희망하건대 저는 콜레라라도 터지는 큰 변혁이 일어나기를 바라고 있습니다. 일반적으로 비극 속에서는 작은 일들은 쉽게 사라질 수 있습니다." 그리고 계속 읽는다. "그리고 지금 제가 묻고 싶습니다. 오직 한 인간으로서 (당신들의 의지에 반해서 그리고 열다섯 살의 나이로 제가 견해를 가질 수 있다고 스스로 허용한다

심리치료

면), 도대체 신경의 작은 취약성 외에는 매우 건강한 한 젊은 이를 '조현병과 간질환자 요양소'에 집어넣고 그에게서 폭력적으로 사랑과 정의 그리고 그와 함께 신에 대한 믿음을 강탈하는 것이 옳은 일입니까?"

리사가 바닥에서 벌떡 일어나 앉아 진지한 긴장감과 함께 바닥을 응시할 때 안나 필라티는 좀 더 밝은 불빛에 편지를 대고 읽는다. 리사의 아동기 일기를 떠올려 볼 때 아버지에게 쓴 아들의 이 편지는 리사의 마음 깊숙한 곳에 자리 잡은 감정을 잡아 찢고 있음을 추측할 수 있다.

침묵.

그러나 이제 리사는 일어서서 무거운 발걸음으로 왔다 갔다 거닌다. 마치 같은 이름의 릴케의 시에 나오는 천 개의 창살 밖으로 어떤 세상도 꿈꿀 수 없는 사로잡힌 표범처럼.[4]

마침내 그녀에게서 강한 감정적 압박이 터져 나왔다. "편

---

4) "신경증은 종신형이자 우리의 결정과 관심 및 대안을 제한하는 보이지 않는 창살을 가진 감옥이다. 우리가 느낄 때까지 우리는 영원히 그것의 무력한 희생자이다." 아서 야노브(Arthur Janov): 새로운 원초적 비명. 기본 심리치료의 발전(*Der neue Urschrei. Fortschritte in der Primärtherapie*), Frankfurt/Main 1993, p. 151.

지가 당신에게 충격을 주지 않았나요, 필라티 선생님? 당신은 그에 대해 아무 말도 하지 않는군요. 아버지의 잔인함에 대해서는 아무런 할 말이 없습니까?"

말을 아끼며 안나 필라티가 대답한다. "네, 충격적입니다, 리사." 그런 다음 그녀가 주먹으로 두텁게 패딩된 부드러운 벽을 한 번 친다. 이 작은 충동은 리사의 억눌린 분노가 자유로워지도록 돕기에 충분하다. 먼저, 그녀는 누구를 향한 것인지 명확한 아이디어와 함께 두 주먹을 부드러운 벽에 대고 누른다. 그런 다음 때리기 시작한다. 점점 격렬하게, 점점 거칠게. 그녀의 온 존재가, 몸과 영혼이 봉기를 일으킨다, 말없이. 처음에는 오직 알아들을 수 없는 소리만이 그녀에게서 터져 나온다. 그러나 나중에는 말도 함께 터진다. "이런 아버지, 이런 아버지가!" 그러는 사이 그녀는 깊은 울음을 쏟아내기 시작한다. 그러나 오늘은 분노가 우세하다. 리사는 부드러운 벽을 향해 그렇게 오직 주먹만을 날린다.

그런 다음 그녀는 가장 깊은 고통 속에서 동생의 이름인 에밀을 부른다. 분노와 슬픔이 번갈아 가며 그리고 계속 반복해서 "음악가와 푸줏간 주인, …… 음악가와 푸줏간 주인."이라는 단어가 튀어나온다. 그러고는 절망에 가득 차서 "대체 무

심리치료

엇을, 무엇을, 그때 아버지는 무엇을 생각했던 걸까요?" 그리고 그녀의 주먹은 기관총 발사 속도로 벽을 향해 날아간다.

고요하다. 그다음 깊은 한숨과 함께 "에밀, 불쌍한 에밀." 이라고 말한다.

그러나 그녀의 정서적 소용돌이가 그녀 안에서 크게 요동치고 있는 것 같다. 그녀는 웃음과 분노 사이의 군주에 대해 말한다. "한 군주가 있었어요. 그가 통치하는 나라의 멋진 군주였어요." 그리고 나서 "아 멍청한 히틀러."[5]라고 말한다. 리사는 등을 벽 아래로 미끄러뜨린다. 바닥에서 그녀의 몸은 서로 완전히 뭉쳐져 구르고 눈물은 쉴 새 없이 흐른다. 안나 필라티는 그녀 옆에 말없이 앉아 있다. 때때로 새 휴지를 건넬 뿐이다.

리사의 영혼의 동요가 어느 정도 완화되면서 그녀는 묻는다. "그리고 쉴러는? 그의 아버지는 어땠습니까?" 그가 〈환희의 송가〉에서 말하고 있지 않습니까? 그는 '형제들이여, 사랑하는 아버지는 별이 빛나는 하늘 저편에 반드시 살아 계

---

5) 역주: 히틀러의 이름인 Adolf를 A와 dolf로 띄어 발음하면 '아 멍청한'의 뜻이 된다.

십니다.'[6]라고 했어요. 그녀는 안나 필라티의 눈을 똑바로 본다. "필라티 선생님, '반드시 그렇습니까?' 사랑하는 아버지는 반드시 살아 계십니까? 그가 이 '반드시'를 통해 절망을 희망으로 바꾸고 싶었습니까? 제게 여기 아무도 없다면 별 저편에 말이죠? 쉴러의 아버지에 대해 저는 아무것도 알지 못해요." 그녀는 계속한다. "하지만 베토벤의 아버지는요? 그는 어땠습니까? 아마도 나쁜 사람은 아니었겠죠. 그러나 불행했던, 매우 불행했던 아버지였죠." 그리고 머뭇거린 다음, "그는 알코올 중독자였어요.[7] 그리고 그의 아홉 번째 교향곡에서 베토벤은 쉴러의 〈환희의 송가〉를 음악에 너무나 훌륭하게 설정하고 상상할 수 없는 경지로 끌어올렸습니다. 그리고 모든 것은 환희로 끝납니다. '사랑하는 아버지는 별이 빛나는 하늘 저편에 반드시 살고 계시도다.'"

안나 필라티가 매우 조심스럽게 묻는다. "그리고 이 모든 아버지에게는 마음속 깊이 어떤 감정이 놓여 있습니까?"

---

6) 역주: 쉴러의 〈환희의 송가〉 중 한 구절이다. 베토벤이 이것을 그의 아홉 번째 교향곡 〈합창〉의 마지막 악장 가사로 삼았다.
7) 역주: 리사의 아버지처럼 말이다.

심리치료

그러나 이 질문에 대답하는 대신 리사는 홍분하여 말한다. "이 모든 아버지는 저에게 제 아버지에 대한 두려움과 분노를 불러일으켰어요!" 그녀는 침묵한다. 이어서 훌쩍거린다. "아직 긴 여정이 남아 있어요." 그녀가 안나 필라티의 손을 잡는다. 그리고 침묵한다. 오랫동안 침묵한다. 헤아릴 수 없는 심연으로의 여정이 이제 리사에게서 끝나고 있다. 최소한 오늘은.

여기서 리사가 무엇을 체험했는지 안나 필라티는 오직 짐작할 수 있을 뿐이다. 그러나 오늘은 이것으로 충분하다.

"리사, 지금 차 한 잔 하는 것이 어때요?" 리사의 얼굴에 약간의 미소가 어린다. "그게 좋을 것 같아요, 필라티 선생님."

이제 둘은 정원에 앉아서 드넓은 하늘 아래 나무와 꽃들에 둘러싸여 있다. 차는 쾌적감을 주는 효과가 있다. "우리 오늘은 더 이상 아무것도 말하지 말아요. 다만 이것만은 더 말하고 싶어요."

"무엇이죠, 리사?"

"바로 헤르만 헤세처럼 제 오빠 에밀도 끔찍한 일을 감당해야만 했다는 거예요." 그녀의 음성은 다시 홍분되었다. 그녀가 다시 말할 때까지 약간의 시간을 둔다. "오빠는 음악가가 되고 싶어 했어요. 그러나 그가 시작해서 제대로 궤도에 오르지 못하자, 아버지는 그를 정육점 견습소에 보내고 말았어요. 제가 오빠를 보러 그곳에 방문했을 때 그는 비통하게 울고 있었어요……. 제가 간단히 말씀드리면, 그는 거기서 달아났어요. 그리고 헤르만 헤세처럼 오랫동안 정처 없이 방황했어요." 그녀의 눈꺼풀이 부하를 받는 것처럼 내려간다. "가엾은 에밀." 리사는 마치 자신에게 말하듯 중얼거린다. 그런 다음 단숨에 몸을 일으킨다. "자, 그럼 월요일에 뵈어요, 필라티 선생님."

그녀의 생각은 여전히 아버지들에 대해 맴돌고 있다. 이 나쁜 아버지들도 모두 어머니가 있지 않았는가? 그리고 다시 모든 어머니는 아버지가 있지 않았는가?

* * * * * *

"자, 그럼 월요일에 뵈어요." 최강의 분노 폭발을 겪었던 마지막 회기를 마치면서 리사는 그렇게 말했다. 그 이후 많은 월요일과 또 다른 많은 날이 있었다. 리사는 이 시간 동안 근원적인 불안을 느꼈고, 그와 함께 아주 멀리 그녀의 외상

심리치료

화된 유년기 안으로 뚫고 들어갔다.

남편에 대한 슬픔에 그녀는 계속 반복적으로 압도되었고 버림받을 것이라는 깊은 불안감 때문에 대처하기가 너무 어려웠다. 이 불안감과 동시에 죄책감이 활성화되었다. 그러나 리사는 조금 편안해질 수 있었다. 현재의 죄책감을 과거와의 연관 속에서 재체험하는 것에 성공했고 이와 함께 최소한 한 점 한 점 계속해서 해결할 수 있었기 때문이다. 분노 또한 최소한의 자극에도 계속해서 반복적으로 폭발했다.

안나 필라티는 물론 분명히 알았다. 초기 가장 이른 유아기에서 시작된 많은 결정적인 외상이 지금까지 리사의 무의식 속에 남아 있었을 것이다. 리사는 아주 일찍 신체적·정서적 외상의 징후였던 증상을 보고했다. 아침에 깨어났을 때 두개골 덮개에 통증이 있었다. 그녀는 그것을 다음과 같이 표현했다. "그것은 마치 도리깨가 제 머리를 두드리는 것 같았어요." 의사는 어떤 신체적 원인도 발견하지 못했다. 더욱이 그녀는 온 힘을 다해야 집을 나설 수 있었고, 종종 침대에서 일어나기조차 힘들었다.

이 모든 것은 명백한 초기 외상화를 의미하는 것만은 아니다. 이것은 또한 리사의 신체가 커다란 고통을 덮개 아래 지탱할 그 어떤 충분한 방어체계도 생산해 낼 만큼의 기회조차 거의 갖지 못했음을 의미한다.

안나 필라티는 안다. 가장 초기의 외상들은 오직 신체의 기억만을 통해서 접근할 수 있다. 아주 초기의 영아기에는 뇌가 아직 기억을 저장할 수 있을 만큼 그렇게 충분히 발달하지 않았기 때문이다. 그러나 신체 안에는 초기의 고통스러운 체험들이 매우 잘 축적되고, 그 때문에 그것은 오직 신체를 통해서만 재경험될 수 있다.

리사의 경우, 곧 그녀의 몸이 억압을 포기할 수 있을지 그리고 결과적으로 아주 이른 초기의 외상화가 재경험을 통해서 의식의 영역에 도달하게 될지는 지켜봐야 했다.

* * * * * *

이번에는 리사가 꿈 하나를 가져왔다. 그녀는 그 꿈에 큰 충격을 받았다. 그리고 여전히 그 꿈에 사로잡혀 있다. 그녀가 이야기한다.

"저는 달에 있었어요. 완전히 혼자서 말이죠. 끝없는 어둠 속을 들여다보니 작고 밝은 점이 보였어요. 지구였어요. 지

심리치료

구로의 귀환은 불가능했어요. 그러니까 저는 온전히 혼자서 영원히 여기 달 위에 머물러야 하고 결코 다시 돌아갈 수 없는 것이었어요."

꿈은 많은 과제를 갖고 있다. 어떤 정서를 의식화하기도 하고, 안심하게 하기도 하고, 방법을 보여 주기도 하며, 희망을 일깨우기도 한다. 그러나 이 꿈은 그녀의 고립으로부터의 해방에 대한 희망도 없이, 그녀의 비참한 버림받음의 반영일 뿐이었다. 인식된 외로움은 오늘도 여전히 그녀의 얼굴에 끔찍하게 쓰여 있다.

'지금은 그냥 말하지 말자.' 안나 필라티는 생각한다. '그저 위장하거나 늘상 하던 습관처럼 하지 말자. 기다리자!'

그러나 리사는 몸 자체가 마비된 듯 보인다. 그녀는 바닥 위에 누워 있다. 그리고 거의 움직이지 않는다. 경험하건대 고통은 때때로 침묵 속에서 견딜 수 없는 정도까지 치솟는다. 안나 필라티는 그것을 사용할 수 있기를 기다린다. 그녀는 리사에게 그녀가 경직에서 벗어날 수 있는 의미 있는 영감이 생기기를 희망한다. 갑자기 그녀의 앞에 한 장의 사진이 있다. 그리움으로 어머니를 향해 팔을 뻗는 한 작은 아이, 이것은 어머니와 사랑과 안전에 대한 가장 깊은 갈망의 표현이다.

이제 안나 필라티가 그것에 대해 말할 수 있는 순간이 온 것 같다. "리사, 두 팔을 벌려요!" 리사가 그렇게 한다. "훨씬 더, 리사, 더, 더, 더 높이, 더 많이."

갑자기 모든 것이 저절로 일어난다. 응고됐던 고통이 흘러나오고 샘물처럼 위로, 현재 속으로 솟구쳐 거의 끝없이 쏟아지는 눈물의 홍수를 이룬다. 헤아릴 수 없는 아이의 고통을 직접 겪지 않은 사람은 이 돌파구의 힘을 쉽게 상상할 수 없을 것이다.

자신의 감정과의 깊은 만남 후에 리사는 마치 높은 탑에서 그녀의 삶의 넓은 부분을 볼 수 있는 것 같아 보인다. 그렇다, 그녀는 겨우 한 살 반에 얼음처럼 차가운 정신적 분위기의 환경에 던져졌다.

그녀는 그곳(냉엄한 할머니)에 맡겨졌다. 겨우 16개월 빠른 언니 마그다가 동생인 신생아를 견디지 못했기 때문이다. 애정 박탈의 불안과 질투 때문에 마그다는 항상 반복적으로 극심한 절망에 빠졌고, 그것은 감당할 수 없는 장면들을 만들어 냈다. 아마도 빌헬름 부시(Wilhelm Busch)의 시적 비유와 같았을 것이다. "자, 여길 보렴. 오늘 밤 황새가 어떻게 네게 남동생 아기를 데려왔는지." 이에 대한 대답은 "굵은 돌을 한

심리치료

개 가져와서 아기 머리에 던질 거야."였다.

안나 필라티는 친구들 범위에서 예를 하나 제시한다. 세 살 난 리사는 부모님 옆에 앉아 열린 창문을 가리키며 말한다. "그리고 저기로 우리가 아기를 밖으로 내던질 수 있지. 그러면 아기는 완전히 망가질 거야." 아이가 말하는 아기는 그녀의 6개월 된 남동생이다. 이 이야기의 중요한 점은 어린 시절의 질투를 극복하는 데 부모가 소녀에게 많은 도움을 주었다는 것이다.

리사는 오늘 집으로 돌아갈 수 있기까지 더 많은 시간을 숙고할 필요가 있는 것 같다. 희망이 가득한 말과 함께 작별 인사를 한다. "이렇게 계속합니다."

'용감한 리사.' 안나 필라티는 생각한다.

리사가 떠난 다음, 안나 필라티는 창가에 앉는다. 그리고 정원을 바라보면서 다시 한번 이번 회기의 결말에 대해 되새겨 본다. 그녀는 깊이 생각한다. '어머니의 위기감이 얼마나 컸으면 영혼이 가장 연약한 나이의 아기를 버려야 했을까? 그렇게 함으로써 문제는 해결된 것이 아니라 실제로는 두 배로 늘어났고, 이때 가장 작은 아이가 가장 큰 고통을 겪고 말았다. 엄마인 그녀 역시 아무런 지원도, 위로도 받지 못한, 어

린 시절의 희생자이자 네 아이의 엄마라는 상황의 희생자가 아닐까?'

'버림받음의 외상은 왜 그렇게 자주 일어나는가? 형제간의 질투와 애정 박탈의 불안감은 왜 그렇게 만들어지는가? 아이들이 오직 한 사람, 즉 어머니에게만 그렇게 전적으로 관계하고 의존하지 않는다면 상황이 달라질까? 대신 부모 외에도 신뢰롭고 사랑이 가득한 더 넓은 관계망을 형성할 수 있다면? 그렇다.' 그렇게 안나 필라티는 결론을 내린다. 그러면 아이들은 아마도 사랑, 안전, 자신감이라는, 두툼하고 따뜻한 완충제를 가지고 삶에 들어갈 더 나은 기회를 확실히 갖게 될 것이다. 그리고 그것은 순전히 더 이상적이면서 또한 자연스러운 세계로 이어질 것이다.

수천 년 동안 우리 문화의 삶을 결정한 지원 및 보호 공동체는 어디로 갔는가? 그리고 이제 아파트의 네 벽에 격리되어 있다니! 절망스럽고 답답하게도 텔레비전이나 컴퓨터 앞의 아이들의 황폐함과 고립은 버튼을 누르는 것만으로 대체 세계를 제공하는 끊임없는 자극 때문에 종종 제대로 인식되지도 않는다. 거기에 많은 고립된 젊은 어머니들의 무력감과 과도한 부담이 있다.

심리치료

알베르트 슈바이처(Albert Schweitzer)가 '집단생활의 르네상스'를 외친 것이 얼마나 옳았는가! 우리는 이제 실제로 의미 있는 새로운 접근 방식, 즉 개인과 궁극적으로는 사회 전체의 이익을 위해 사람들이 함께 살 수 있는 방법에 대한 새로운 아이디어가 필요하다. 과거 속에 또는 원시민족들과 같은 다른 문화 속에 예가 있는가? "한 아이를 제대로 양육하기 위해서는 온 마을이 필요하다." 바로 그런 의미를 가지고 있는 아프리카 속담이다. 그리고 초기 기독교에는 가족의 한계를 초월하고 모든 사람, 특히 약자에 대한 연대, 인류애, 공동 보살핌 및 책임을 지향하는 집중적인 공동체 생활이 있지 않았던가?

새롭게 프레데릭 베스터의 문장이 의미 있게 다가온다. "오직 열린 시스템만이 생존력이 있다." 그녀는 자신감에 차서 일어선다. "그래, 정확히 그렇다. 개방성, 투과성, 연결성, 활력, 그러면 사랑이 흐를 수 있다."[8]

---

8) 이런 생각을 위해 발트라우트 팔아르듀(Waltraud Falardeau)의 책들을 추천하고 싶다. 아이들의 침묵과 아동 성학대. 피해자, 가해자 그리고 우리가 할 수 있는 일(*Das Schweigen der Kinder. Sexueller Missbrauch an Kindern. Die Opfer, die Tater, und was wir tun konnen*). Stuttgart, 1998. 아동 성학대의 원인과 배경. 개인 및 사회 문제 분석을 위한 기여(*Ein*

오늘 회기는 오후 5시로 정했다. 11시에 전화벨이 울린다.

"리사입니다."

"네. 리사?"

리사가 고통스러운 음성으로 말한다. "저는 일어설 수가 없어요, 필라티 선생님."

"무슨 일이에요, 리사?"

"일어설 수가 없어요. 일어나려고 해 보는데 그럴 수가 없어요. 계속해서 다시금 뒤로 나가 떨어져요."

"계속해서 다시 뒤로 넘어진다고요, 리사?"

"제가 9시부터 오늘은 일찍 일어나려 했어요." 그녀의 음성이 비참하게 들린다. "그러나 저는 흡인력이 있는 것처럼 계속해서 다시 잡아당겨졌어요. 그리고 제 머리에서 느껴져요……. 머리에서 느껴져요……." 그녀는 천천히 말한다.

Beitrag zur Analyse eines individuellen und gesamtgesellschaftlichen Problems). 박사학위 청구논문, Marburg, 2001. 특히 그녀의 박사논문 마지막 장 '전망하건대, 집단 신경증의 지속과 삶의 황폐화인가? 아니면 인식, 책임 및 자유를 기반으로 한 미래로의 출발인가?'를 추천한다.

심리치료

"곤봉이 머리를 치는 것만 같아요. 제가 미치게 될까 봐 두려워요."

긴 침묵이 이어진다.

그런 다음 안나 필라티가 말한다. "잘 들으세요, 리사. 거기에 당신의 아동기의 오랜 정서가 숨어 있어요. 그것은 현재와는 아무 상관이 없어요. 듣고 있어요?"

"네, 선생님 말씀을 듣고 있어요."

"그러니 이제 일어설 수 있어요. 그리고 한 시간 뒤에 당신은 저한테 와 있을 겁니다."

"그래요, 필라티 선생님."

"수화기를 손에 쥐세요, 리사. 그리고 지금 일어나세요, 지~금!"

"네, 필라티 선생님. 일어날게요."

"당신을 위해 진한 차를 한 잔 만드세요."

리사에게서 아무런 대답이 없다.

"나는 당신 편이에요, 리사."

깊은 고통 속에서 그녀가 울고 또 운다. 그런 다음 확답을 한다. "네, 한 시간 뒤에 선생님께 갈게요⋯⋯. 오늘은 안 좋아요."

'말할 것도 없이 매우 안 좋구나.' 한 시간 뒤 리사가 얼굴에 죽음의 공포를 드리운 채 그녀의 앞에 섰을 때 안나 필라티는 생각한다. 표정 뒤에는 과거에 감금되어 있던 느낌이 도사리고 있다.

지금 그것이 아마도 장벽을 뚫은 것 같다. 아직 위장되어 있어서, 즉 이성에 의해 완전히 인식되지 않기 때문에 이것이 지금은 기세등등할 수 있다.

다시 동화 『룸펠슈틸츠헨』이 생각난다. 바로 정확히 이 문제에 대해 이야기하고 있다. "네가 나의 이름을 안다면 나는 너와 네 아이에 대한 힘을 잃게 되지." 그리고 안나 필라티는 리사가 그녀를 마비시키는 불안의 이름을 발견하도록 그녀가 도울 수 있기를 소망한다.

리사는 바닥에 몸을 길게 뻗은 채 누워 있다. 그녀가 오전에 있었던 일을 말하기 시작한다. 그녀는 바로 병원으로 운전해 가려고 하던 참이었다. 죽음 불안이 갑자기 그녀를 덮쳤고 완전히 조여 오는 그 감정으로 그녀는 거의 미칠 지경이었다. 그러나 그녀는 그 감정을 살아오는 동안 여러 번 느꼈다. "그런데 말이죠, 어떤 의사도 아무것도 발견하지 못했어요…….그때 제가 선생님께 전화했고, 암튼 지금 그래서 우리가 볼

심리치료

수밖에 없죠." 그렇게 그녀는 서두르고 동시에 주저하며 자신의 기억 속의 위험한 미로에 접근하려 한다.

안나 필라티는 다만 그녀의 손을 리사의 팔에 얹으며 말한다. "리사, 그냥 당신의 신체가 말하도록 하세요. 그저 당신의 몸에 맡기세요. 그것을 믿으세요. 그리고 그가 말하고자 하는 모든 것에 따르세요." 한참이 지난 다음 안나 필라티는 리사를 안심시키기 위해 덧붙인다. "제가 당신 곁에 있을게요. 당신을 혼자 두지 않아요. 얼마나 오래 걸리든……. 하지만 어떤 것에도 집중하지 마세요. 모든 것이 자연스럽게 이루어집니다." 숨 죽은 표정이다. 처음에는 아무 일도 일어나지 않는다. 온몸이 마비된 것처럼 가만히 누워 있다. 움직임이 전혀 없고 경직이 심하다가 가끔 심호흡만 있다.

20분이 지나간다. 그다음 리사의 얼굴에 움직임이 나타난다. 먼저, 경련 그리고 더 강한 힘의 근육 동요가.

그 후 20분 동안 입이 비틀린다. 안면 근육은 점점 더 강하게 움직인다. 그 밖에 신체의 절대적인 마비가 발생한다.

10분 후의 상황은 목에서 머리로 가는 근육의 움직임이 있는 것처럼 보인다. 그다음 리사는 오른쪽 발을 왼쪽 위에 놓는다.

그리고 다시 10분이 지나서 신음소리가 나온다. 움직임은 거의 독점적으로 머리를 잡고 회전하는 모양새이다. 표정은 점점 더 굳어지고 더 일그러진다. 목, 표정, 머리를 움직이고 싶은 엄청나게 강한 충동이 (근육의) 뒤틀림을 일으킨다. 여기에 삶과 죽음 사이의 싸움이 벌어지고 있음을 느낄 수 있다.

10분 후, 점점 신음과 비탄이 증가한다.

5분 후, 엇갈린 발의 강한 움직임은 아래를 향해 치면서 점점 더 거칠어져서 전신을 뒤흔든다.

이 과정에서 이성의 힘은 작용하지 않는다는 것이 명백하다. 이것은 오직 신체에 의해 통제되는 자율적 과정이다. 이것은 재경험에 의한 것이다.

다시 5분 후, 이제 입이 극단적으로 열리고 끝없이 깊은 비명이 마치 무한한 거리에서 오는 것처럼 안나 필라티의 골수를 관통해 울린다. 절정에 이르러 30분 정도 지속되다가 흐느끼는 소리로 변한다.

족히 15분 정도 잠잠해져 있다가 리사는 강하게 하품을 해대기 시작한다. 입을 크게 벌리고, 15분 정도를 계속 반복한다. 마침내 완전한 평온에 들어설 때까지……

심리치료

반 시간 동안 리사는 의식 없이 거기에 누워 있다. 그리고 안나 필라티의 첫 번째 말은 "나는 당신과 함께 있어요."이다.

그러자 리사가 천천히 말하기 시작한다. 오직 그녀만이 아는 것을. "이것은 나의 출생이었어요. 죽음의 전투."

그리고 그녀는 목을 감싸고 그녀의 머리를 이리저리 돌린다. "최악의 감정이 일어났을 때, 비명이 일어났어요, 구원을 위한 비명이죠. 하지만 그와 동시에 봉쇄되는 감정은 순전히 공포였어요. 이것에 대한 예감은 1초도 지나지 않았어요. 그러나 바로 거기에서, 필라티 선생님, 거기에서 죽음에 대한 두려움이 일어났어요." 질문하는 눈빛이 이제 안나 필라티의 얼굴을 향한다.

"네, 리사, 무의식은 그렇게 깊은 고통을 아주 천천히 작은 단계로 풀어 줍니다. 그 끄떡없는 고통의 구조 속에서는 당신은 아직 그것을 견딜 수도 처리할 수도 없습니다. 잠시 동안 거기에서 억압은 여전히 보호 수단으로 작동합니다."

"하지만 필라티 선생님." 리사는 흥분해서 거의 정신 나간 듯 말한다. "이 감정에서 미쳐 버릴 것 같은 저의 불안이 올라와요. 아니면 매 순간 죽을 것 같은."

"이 불안은 리사, 지금은 예감되는 과거의 외상에 대한 반응일 뿐입니다. 당신의 최악의 감정을, 리사, 번개처럼 빠르게 재경험하는 것은 당신에게 이미 두려움에 더 잘 대처하는 데 도움이 되고 있습니다."

리사가 약간은 안정된 것 같다. 그다음 그녀는 반복한다. "그것은 아주 분명히 제 출생이었어요……. 사느냐 죽느냐의 전투." 이제 수많은 이미지가 그녀에게 스쳐 지나간다. 그녀가 그것을 연결한다. 이제 많은 것이 그녀에게 분명해지고 있다. 머리에 가해지는 이 미칠 것 같은 압력은 어디에서 오는 것일까? 특히 아침에 잠에서 깨었을 때, 그녀는 추론한다. "제 머리가 계속 엄마의 골반에 박혀서 나갈 수 없었기 때문이에요. 저는 그것을 분명히 느꼈어요, 일반적으로……." 그녀가 계속한다. "항상 제가 압력을 느끼거나 또는 제가 관철시키고 싶은 어떤 것에 대해 저항을 느낄 때 저는 집착에 사로잡히게 되고, 그것은 더는 정상이라 할 수 없게 됩니다. 저는 또한 줄을 서서 기다리지 못해요. 기다리는 것은 도무지 제게 너무 힘들어요……. 그리고…… 그리고……." 그녀는 잠시 멈추었다 요점에 도달한다. "나가는 것과 안에 머무는 것. 이 두 가지는 저의 불안과 연결되어 있습니다."

안나 필라티는 설명한다. "긴 진통을 동반한 매우 충격적인 출산 과정은 이후에 편안하고 안전한 곳을 포기하고 떠나야만 하는 불안감 속에 표현될 수 있습니다. 무엇보다 자신의 집을 떠나는 것에 대한 불안감 속에……."

"당신은 밖으로 나가는 것에 대한 공포를 특별히 강하게 느낍니다, 리사. 왜냐하면 원래의 트라우마인 출생 트라우마에 나중에 더 많은 고통이 가해졌기 때문입니다. 당신은 또한 민감한 나이에 남에게 던져졌으니까요."

이에 대해 그녀가 생각한다. "그래서 제가 매일 아침 집에서 나와 학교에 가는 것이 어려웠어요."

"바로 그겁니다, 리사. 나가는 것은 당신에게 각인되었던 초기의 공황 공포를 다시 유발합니다."

"그런데 나가거나 안에 있는 것이 두렵다면 제게는 전혀 희망이 없는 것인가요?"

"그렇지 않아요, 리사. 당신도 이제 알잖아요. 모든 것은 단지 매우 이른 시기의 기억일 뿐입니다. 현재는 그것은 단지 하나의 환영일 뿐입니다. 당신이 괜찮다면 환영의 고통, 환영의 공포 같은 것입니다. 그리고 그 환영, 즉 이 괴물은 점차 힘을 잃게 될 것입니다. 현재는 그것은 관련된 것이 하나도 없습니다. 실제로 아무 관련도 없습니다!"

"그리고 필라티 선생님, 이 길고 긴 하품은 무엇을 의미할까요? '진정코 끝이 없겠구나.' '앞으로 결코 중단되지 않겠구나.'라고 생각했어요."

"아주 긴 출산은 리사, 그것은 거의 항상 산소 부족과 관련이 있습니다. 그 긴 하품은 그런 트라우마의 반영입니다."

"오 하느님, 오 하느님 맙소사……." 리사가 고개를 젓는다.

긴 침묵 후에 그녀는 다시 말하기 시작했다. "처음에 당신은 제게 말했어요. '당신은 당신만의 진실을 발견하고, 그것을 변화시키고 더 많은 자유를 얻게 될 것입니다.'라고요."

"맞아요, 리사."

리사는 오늘 회기를 마치기 전 안나 필라티의 손에 오랫동안 손을 얹고 있다. "필라티 선생님, 오늘이 제가 가장 위대한 발견을 한 날입니다. 선생님께 감사드려요."

"우리 둘 다 많은 것을 체험했습니다, 리사. 저도 당신께 감사해요."

리사가 가고 안나 필라티는 곧바로 그녀의 작은 테이블에 앉는다. 리사의 이번 회기를 기록하기 위해서이다.

오늘 리사는 처음으로 그녀의 출산에 대해 느꼈다. 그런데

심리치료

그것은 그녀가 말했듯이 끝이 아니라 오직 그것의 한 '빛'일 뿐이었다. 리사의 무의식은 아직 그녀가 저장한 초기의 가장 위협적이었고 고통스러웠던 감정의 대부분을 방출하지 않았다. 그것은 분명 오랫동안 기다려야 할 것이다. 여기에서 그 어떤 것도 강요되어서는 안 되며 올바른 처방법에 대해서는 오직 자신의 무의식만이 알고 있다. 적당하다면 치유 효과를 낼 수 있지만 과도하면 파괴적인 영향을 줄 수 있기 때문이다.

출생의 직전에 갖게 된 번갯불 같은 체험은 그녀가 겪었던 공포를 알게 하는 데 충분했다. 이 출생 직전의 체험은 바로 그녀의 살인적인 죽음의 공포와 그에 따른 반응들의 근원이다.

약 80분 동안 지속된 그녀의 출생과정에서 가장 긴 부분은 리사 본인이 말했듯이 '삶과 죽음을 위한 싸움'이었다. 그녀는 이에 대해 "저는 저항을 받게 되면, 일종의 더는 정상적이라 할 수 없는 고집 속에 빠져요."라고 회상했다. 따라서 싸움은 그녀의 내적 구조의 기본 패턴이 되어 버린 것이다.

즉, 리사는 오늘에서 어제로 그리고 그제로 이끌어 가는 아주 좋은 연결을 만들어 냈다. 어제 또는 그제의 모든 트라우마가 오늘에 반영되기 때문에 이것은 매우 중요하다. 이 연결은 말하자면 막힌 기차를 봉쇄가 시작된 역으로 다시 움직이게 할 수 있는 '레일'이다. 서서히—그리고 이것이 목표인데—리사의 '열차'는 계속해서 이 이미지로 이야기하기 위해서 자유로이 달릴 수 있게 될 것이다.

안나 필라티의 생각은 이제 자동적으로 리사에서 존으로 옮겨 간다. 그는 55세의 남성으로 그녀가 한 파티에서 짧게 만났던 사람이다. 그는 드디어 꿈에 그리던 집을 찾았다고 말했다. 모든 것이 실제로 완벽하다고 했다. 다만, 문제는 그가 매매 계약을 하고 난 이후로 그냥 미쳐 버릴 것 같은 두려움으로 어찌할 바를 모르게 됐다는 것이다. 그는 매매 계약을 철회해야만 했다. 자신을 자유롭게 할 다른 방법을 알 수 없었기 때문이다. 그것은 물론 슬픈 일이다. 일이 이렇게 되어야 하는 합리적인 이유들이 없었기 때문이다. 그가 계속해서 말했다. "사실은 제가 이 끔찍한 상황을 알고 있어요. 이 것은 저에게 새로운 것이 아닙니다. 어떤 이유에서든 제가 강한 압박을 받을 때마다 제 감정이 비슷하게 전개돼요."

그녀는 존의 이야기에 대해 짧게 생각한 다음 물었다. "당신의 출생 과정은 어땠어요, 존?" 그는 조금 화난 듯 대답했다. "저는 당신에게 저의 아름다운 집에 대해 이야기하고 있는데 당신은 제 출생에 대해 묻고 있군요." 그녀는 당황하지 않고 단호하게 그녀의 질문을 되풀이했다. "존, 당신의 출생은 어땠습니까?" 그러자 그가 그녀에게 자신의 두개골을 내밀며 말했다. "한번 만져 보세요." 그녀는 움푹 들어간 깊은 자리와 흉터를 느꼈다. 그리고 존은 설명했다. "저는 쌍둥이로 태어났어요. 제 동생은 사산되었고, 저는 큰 합병증 때문에 펜치로 뽑혀 나왔어요." 그녀가 여기에 대해 말한다. "존, 당신은 집을 구매하면서 강한 압박을 받고 있어요. 그리고 강한 압력이 가해지면 과거의 트라우마가 다시 활성화될 수 있습니다. 답답함과 불안 그리고 압박감과 관련된 트라우마죠. 그러면 이것들이 침입하여 의식에 도달하겠다고 위협합니다. 아주 깊은 수준에서 이것들은 출생 외상에도 관계할 수 있습니다. 그리고 이러한 위협들은—물론 무의식적으로—불안과 혼돈 그리고 미쳐 버릴 것 같은 느낌마저 불러일으킵니다."

방어적인 몸짓으로 그는 무뚝뚝하게 그녀를 질타했다. "맙소사, 그렇게 오래전에 있었던 일은 오늘과는 정말 아무 상관이 없지요!"

나중에 그녀는 그의 음주 문제에 대해 알게 되었다. 그러나 그 후에는 그에 대해 신경 쓰지 못했기 때문에 그녀는 그의 집 구매에 대한 그의 이야기가 어떻게 끝났는지 알지 못했다. 그러나 존과 대화했던 그때나 지금도 키르케고르의 말이 의미 있게 생각난다. "자신을 속이는 두 가지 유형이 있다. 하나는 아닌 것을 믿는 것이다. 다른 하나는 맞는 것을 믿지 않는 것이다."

존은 있는 것을 믿을 수 없었다. 그는 초기 외상적 경험과 현재 문제 사이의 연관성을 볼 수 없었고 보려 하지 않았다.

* * * * * *

반년이 지나갔다.

리사는 주기적으로 상담을 받으러 왔고 회기를 취소한 적이 거의 없었다. 그러나 안나 필라티는 이 회기 시간을 더는 글로 기록하지 않았다. 이 시간들이 항상 동일했기 때문이다. 물론 변화가 있고 때로는 까다로운 위장이 있었지만, 항상 같은 경향성과 같은 목표 지향성을 가지고 있었다. 즉, 오늘에서 어제로, 또는 그제로, 각각의 외상의 근원으로 되돌아가는 두려움과 고통이 있었다.

리사가 삶에 거의 대처할 수 없을 정도로 그녀를 극도의

심리치료

고통 상태로 반복해서 몰아넣는 기본적인 세 가지 감정이 있었다.

리사가 이미 스스로 발견해 낸 이 감정들은 다음과 같다.

1. 가장 초기 영아기에서 오는 버림받음의 감정: 이것 때문에 남편에 대한 슬픔은 실생활에 대한 접근이 거의 정지될 만큼 최고조에 달했다.

2. 죽음에 대한 두려움. 모든 감정 중 리사에게 가장 크게 무서움을 유발하는 감정: 기본적인 세포 수준(출생)까지 내려오는 느낌. 그녀는 파국적인 공포와 연관된 엄청난 출생의 고통을 반복해서 겪어야 했고 그것을 의식으로 끌어올려야 했다. 점점 의식화가 증가함에 따라 그녀는 더 많은 자유를 얻었고, 따라서 그녀의 개인적인 길을 찾는 기회도 얻었다.

3. 죄책감: 아주 사소한 체험으로도 생기는 감정이었지만 항상 오늘에서 어제로 그리고 그제로 원인을 찾아갈 수 있었고 그와 함께 안도감을 갖게 되었다.

그리고 해소되기 위해 모든 곳에서 모두에게 분출하고 싶은 분노, 그런 감정이 있었다. 이 분노의 상당 부분은 다른 모든 저장되는 트라우마와 마찬가지로 힘든 출생 투쟁에서 비롯되었다. 리사는 머리에 강한 타격을 받는 듯하고 목을 돌릴 때 때때로 통증을 느낀다고도 언급했다. 그녀는 이렇게 표현했다.

"제가 살해되는 것만 같아요."

더 쉬운 방법이 있다면 얼마나 좋을까! 하지만 남은 유일한 방법은 재경험을 통해 초기 상처를 의식화하는 것뿐이다. 이것은 더 많은 개인의 자유를 얻기 위해 좁은 길을 가는 대가이다. 그러나 모든 사람이 원하거나 갈 수 있는 것은 아니다. 오직 소수의 사람만이 그것을 시도할 용기와 힘을 갖고 있다.

하지만 리사는 할 수 있고, 힘과 용기를 가졌다.

어디에서 리사가 이러한 것을 가졌을까? 어디로부터 받은 것인가? 영혼의 어떤 힘에서? 헤아릴 수 없는 깊은 곳에서? 어느 신비의 먼 세계에서?

누가 알겠는가?

시간이 흘렀다.

리사의 치료 시간은 점점 더 짧아졌고, 소위 명상적 의식을 통해 끝났다. 그녀는 여러 번 말했다. "이것은 단지 예전의 감정일 뿐이야. 오래된 두려움, 오래된 고통, 어제의 눈덩이, 환상일 뿐이고 현재와는 아무 관련이 없어." 그리고 나서 매우 천천히 그리고 강력하게 "지금은 다 좋아, 모든 것이 좋아, 다 좋아."라고 말했다. 자기 자신의 인식에 대한 신뢰가 성장한 것이다.

* * * * * *

리사의 첫 회기로부터 오늘까지 2년이 지나갔다.

'매우 이례적이네!' 안나 필라티는 생각한다. 그녀는 손에 리사의 편지를 들고 있다. '웬 편지지?' 그녀는 생각한다. '내일 낮에 그녀의 상담 회기가 있는데 왜 전화를 하지 않고?' 그녀는 봉투를 열고 읽는다.

"'눈물이 흐른다. 이 땅이 다시 나를 안는다.'(파우스트 I) 다시 나를 안았어요. 다시 나를 안았어요." 그리고 계속해서 다음과 같이 써 있다.

"친애하는 필라티 선생님, 저는 내일 상담에 갈 것입니다. 저는 매우 놀라운 일을 갖고 갈 것입니다. 하지만 그에 대해 당신에게 아직은 말하지 않을 거예요. 당신의 놀라는 얼굴을 보고 싶으니까요. 걱정하지 마세요! 좋은 놀라움입니다. 그럼 이만, 리사."

'정말 비밀스럽구나.' 안나 필라티는 생각한다. '내일 더 많이 알게 되겠지.' 그녀는 행복한 발걸음으로 방을 왔다 갔다 한다. 그녀의 생각은 리사의 놀라운 일을 중심으로 맴돈다. 그녀의 발걸음의 리듬 속에서 그녀는 스스로 다음과 같은 것을 듣는다. "다시 나를 안았어요, 다시 나를 안았어요, 다시 나를 안았어요." 그녀는 이 대사를 썼을 때 분명 행복했을 것이다. 그녀의 걸음은 춤추는 듯하다. 필라티는 '그녀는 이 대사를 쓸 때 분명 즐거웠을 거야.'라고 생각한다.

"거의 트랄랄라라, 트랄랄라라, 트랄랄라라처럼 들리는 듯하구나."

안나 필라티는 가벼운 마음으로 내일을 기대한다.

* * * * * *

다음 날, 리사는 크고 다채로운 여름꽃 한 다발을 들고 문간에 서 있다. 그녀는 오랫동안 안나 필라티를 바라본다. 그

심리치료

녀의 비밀이 밝혀지기를 기다리며 안나 필라티는 시간을 들이고 있다. 그녀는 마치 안나 필라티에게 고급 종이에 싸서 리본으로 묶은 선물을 주는 것 같은 느낌이다. 어쩌면 그 위에 꽃이 있을지도 모른다. 그리고 이제 받는 사람이 호기심에 가득 차서 포장을 풀기를 즐거운 마음으로 기다리는 것 같다.

그러고 나서 그녀의 말이 터진다.

"저는 미국으로 날아갑니다."

"와." 안나 필라티가 앉는다. 리사는 상쾌하게 행복한 웃음을 짓는다.

"말해 보세요, 리사. 어떻게 된 거예요?"

리사는 이제 미국인 친구들로부터 전화를 받은 일에 대해 보고한다. 그녀는 남편을 기리기 위해 열리는 콘서트에 초대를 받았다. 잠시 후 그녀가 덧붙인다. "제가 사고 현장에 차를 몰고 갈 거예요. 그러면 저는 다시 그에게 더 가까이 있게 될 거예요."

이제 그녀는 안나 필라티 맞은편에 앉아 있다. 그녀는 매우 감동하면서 계속해서 말한다. "저는 많이, 많이 울겠지요. 그러나 그러면 저는 날게 될 것이라는 것을 알게 되겠죠."

"당신은 독수리예요, 리사. 닭과 독수리 이야기를 아시나요?

모르세요? 그러면 당신에게 그 이야기를 할게요."

옛날 옛적에 한 남자가 있었어요. 그는 어린 독수리를 잡았지요.

처음에 그는 새를 어떻게 해야 할지 잘 몰랐습니다. 그러나 곧 속으로 생각했어요.

'이 새는 아직 어리고 순해서 잘 적응할 거야. 닭들 사이에서 살게 해야겠어.' 그래서 그는 그를 암탉 집에 넣었어요. 굶주림 때문에 그 독수리는 다른 동물들의 본을 따라 곡식을 쪼아 닭처럼 행동하기 시작했어요.

어느 날 한 낯선 사람이 와서 독수리를 보았지요. 그리고 주인에게 "이것은 독수리입니다."라고 말했어요. 그러나 그는 고개를 저으며 "이것은 한때 독수리였지요. 지금은 닭입니다." 웅장한 동물의 이런 기형에 놀란 낯선 사람은 독수리에게 나는 법을 가르치게 해 달라고 간청했죠.

그는 조심스럽게 독수리를 언덕 위로 데려가서 그에게 속삭였습니다.

"날개를 펼쳐라! 너는 닭이 아니라 독수리야!" 독수리는 이리저리 조금 퍼덕였습니다. 그러나 곧 땅에 떨어져 다시 닭처럼 움직이고 곡식과 벌레를 찾기 시작했지요.

심리치료

낯선 사람은 포기하지 않았어요. 그는 날마다 왔어요. 계속해서 다시 그는 독수리를 닭의 역할에서 해방시키려 시도했습니다. 하지만 헛수고였어요.

그렇게 그의 마지막 시도의 날이 왔습니다. 그는 독수리를 이전보다 더 높이 들고 태양을 가리켰어요. 그리고 맹세하듯 외쳤어요.

"너는 독수리야. 너의 존엄성을 인정하고 날아라!" 이때 이 경이로운 동물을 통해서 희미한 떨림이 시작됐어요. 처음으로 날개를 완전히 펼쳤습니다. 그리고 태양을 향해 강력한 날갯짓으로 날아가서 다시는 돌아오지 않았어요.

안나 필라티는 계속 이야기를 하면서도 이 이야기 속에 리사를 위한 어떤 폭발적인 힘이 들어 있음을 느끼게 되었다. 따라서 이에 대한 반응은 긴 침묵이었다. 그러나 이 침묵 속에 모든 것이 표현되었다.

마침내 리사는 큰 결심을 하고 말했다. "네, 제가 날아갈 거예요."

그녀는 안나 필라티의 손을 잡고 그녀의 반지에 진심을 다해 입맞춤을 했다. 그리고 뒤도 돌아보지 않고 방을 나갔다.

안나 필라티는 리사가 준 꽃들을 적절한 꽃병에 꽂으려고 했다. 그러면서도 그녀의 생각은 리사에 대해 맴돌았다.

어떻게 그녀가 그 긴 여정에 도전할 것인가?

그리고 그녀의 그 큰 버림받음—두려움 속에서 그 멀리에서, 낯선 사람들 속에서 어떻게 도착이 경험될까? 그리고 남편을 추모하는 콘서트와 그의 죽음의 사고 현장에서 그녀의 영혼은 얼마나 찢어질 것인가? 괜찮다. 그녀는 새로운 출발의 힘을 찾았고, 그래서 또한 자신 안에서 극복할 힘을 찾을 것이다.

생각은 종종 이상한 도약을 하기도 한다. 지금 안나 필라티는 영적으로 미국에 가 있다. 그녀는 그곳에서 언젠가 한번 들었던 설교를 기억한다. 그것은 바로 훗날 자신의 신념 때문에 살해당했던 그 위대한 마틴 루서 킹(Martin Luther King)이 한 것이다. 그는 계속 반복해서 고통받는 흑인 세대를 위해 희망의 횃불을 밝히도록 했다.

그의 열정적인 설교는 매번 "나에게는 꿈이 있습니다."라는 말로 종결되었고, 그와 함께 그는 청중을 꿈의 내용으로 환호하게 했다.

안나 필라티도 다음처럼 꿈을 꾸었다.

심리치료

언젠가 마치 큰 숨을 쉬는 것처럼 모든 사람의 의식의 바닥에서

'너 자신을 알라'와 같은 변화가 일어난다면,

그러면 파괴적인 감정을 해소하기 위한 전쟁은 더는 외부 세계로

옮겨지지 않고 분노, 증오, 불신, 시기, 폭력, 학대가 다시는

파괴적으로 타인에게 향하지 않을 것이리.

그러면 '사악한 마물'과의 싸움은 저 자신 안에서 진행되고,

크고 작은 전쟁터는 외부에서 내부로 옮겨 갈 것이리.

그리고 마침내 늑대와 양이 사랑 속에서 껴안을 때

그때서야 비로소 사랑은 가능해지고 조건 없는 사랑이 될 것이리.

그리고 그러한 정신적 환경에서만 우리가 가진 가장 소중한 존재로서의 아이는 그렇게 각 개인이 고유한 창조물로 예정된 그대로 개별적이고 자율적으로 발전할 수 있다.

『자율적인 성격으로의 발달, 자율성⋯』,[9] "그래, 그렇다."

---

9) 안네리제 우데–페스텔(Anneliese Ude-Pestel): 아동의 자율성 발달을 위한 놀이의 중요성(*Die Bedeutung des Spiels fur die Autonomie-Entwicklung des Kindes*) 참조. 출처: 아이들 중심으로(Kinder im Mittelpunkt). 편집인: 크리스찬 포쉬(Christian Posch, Innsbruck, 1991). 아서 야노브(Arthur Janov): 감정의 아이(*The feeling child*). New York: Simon & Schuster; 아

그녀는 생각한다. 자율성이란 자발적이고, 내면에서 결정되며, 자아의 더 깊은 층과 접촉하고, 자신의 근본으로부터 단절되지 않고 개방적인 것이다. 비유적으로 말하자면, 자신과 외부 세계 간의 교류 속에서 흐름에, 움직임에, 과정에 머무르기 위해서 항상 다시 원래의 근원으로, 자신의 원천으로 갈 수 있는 그런 것이다. 고대 그리스에서 자율성은 아이스킬로스(Aeschylus)에 따르면 여전히 신들 위에 서 있는 내적 지시, 자신의 내면의 목소리, 양심의 목소리를 들을 수 있는 능력이다.

자율적인 성격의 발달을 위한 가장 좋은 조건은 아이가 무조건적으로 수용되고 사랑받고 존중될 수 있도록 일찍부터 신뢰성, 안전감 및 보호에 대한 경험이 있는 사람을 갖는 것이다. 자율성 발달은 끝이 없다. 그것은 태어날 때부터 죽을 때까지 진행되는 고독하고 개인적인 여정이다.

이 과정을 수행할 수 없는 사람들은 끝없이 꼭두각시 존재

서 야노브: 일차 치료의 발전(Fortschritte in der Primartherapie). Frankfurt/Main: Fischer; 아서 야노브: 출생 경험의 평생 영향(The lifelong effects of the birth experience). Imprint Coward Mc Cann Ind., New York 참조.

심리치료

로 떨어지고 말 것이다. 그러면 감정은 자신의 중심에 의해 조절되고 수정되는 것이 아니라 타인들로부터 지각된 반응을 통해서 조절된다. 내면에서가 아니라 외부로부터 인도된다. 외부로부터 인도되는 이 꼭두각시 같은 존재는 개인뿐만 아니라 모든 인류에게 결정적인 결과를 가져온다. 외부로부터 인도되는 사람들은 쉽게 유혹을 받고, 놀라고, 조종당한다. 이것이 어떤 결과를 가져오는지는 날마다 신문의 끔찍한 뉴스가 보여 준다.

자율성 발달이 목표라면 '양육'이라는 용어는 다른 의미를 가져야 한다. 발달의 기적에 대한 개방성과 카네이션에서 장미를 키우기를 원하지 않고, 좋은 위치, 태양, 그늘, 물, 부드러운 흙 등 단순히 자신의 식물이 무엇을 필요로 하는지를 아는 좋은 정원사 말이다. 그러나 가장 중요한 것은 그가 기다릴 수 있다는 점이다. 그는 창조자가 피조물 안에 마련해 놓은 대로 모든 것이 발전할 것이라는 확신을 가지고 있다. 그러한 정원사에게서 피조물은 신뢰할 수 있다. 그 신뢰는 사람들과 창조자와 삶 자체에 관한 것이다. 그는 안전하고 사랑받고 있다고 느끼며 그의 욕구들이 진지하게 수용된다고 느낀다.

안나 필라티는 다음 질문으로 생각을 마무리한다.

"본질적으로 인류의 미래는 아이가 어떻게 성장하느냐에 따라 결정되는 것이 아닐까요?"

* * * * * *

오후 2시 캘리포니아에서 리사가 전화를 걸어왔다. 안나 필라티는 계산을 해 본다. 그러면 그곳은 새벽 5시가 될 것이다. 즉, 아직 거의 한밤중이다.

망설임 없이 리사는 약하고 불안에 찬 목소리로 말을 시작한다. "필라티 선생님, 저는 제 인생의 최악의 불안한 꿈들 중 하나에서 방금 깨어났습니다. 현실을 찾기 어려워서 제가 어쩔 수 없이 전화 드렸어요."

안나 필라티는 침착하게 말한다. "전화 잘 하셨어요, 리사. 깨어 있는 동안 다시 한번 그 꿈을 체험할 시간을 가지세요. 제가 전화를 끊지 않고 계속 대기할게요."

리사는 안도했다. "당신이 거기 있어서 얼마나 좋은지 몰라요."

몇 분 후 그녀는 꿈을 이야기하기 시작한다.

심리치료

"저는 목 뒤에서부터 머리 전체가 정수리까지 당기는 미칠 듯한 통증을 느꼈어요. 그런 다음 잔인하고 거대한 검은 손이 제 목을 잡고 비틀었어요. 그리고 전력을 다해 저를 허공으로 내던졌어요. 공중에서 도로 위로 내팽개쳐지도록 하기 위해서죠. 여기, 저는 측량할 수 없는 외로움 속에 완전히 무기력하게 누워 있습니다."[10]

긴 침묵 후 그녀가 말한다. "그게 다예요, 필라티 선생님."

"우리는 아직 그것에 대해 이야기하지 않을 거예요, 리사. 한동안 이 꿈의 느낌에 머물러 있어 보세요. 시간을 가지세요, 저는 여기 있으니까요."

2분도 채 지나지 않아 리사는 이미 그것들 중 하나에 대해 이야기한다.

훨씬 더 안정된 목소리로, "그것은 제 출생과정의 마지막 부분에 관한 것이었고, 치료를 받는 동안 찰나적으로 알아차린 순전한 잔혹함이었어요. 광기, 지옥, 제가 이름을 붙일 수

---

10) 꿈은 아직 무의식인 내용에 대한 복잡한 진술이다. 이성은 잠들어 있기 때문에 꿈 상징의 형성에 전혀 관여하지 않는다. 상징의 형성은 미스터리로 남아 있는 일종의 신비이다.

없을 정도로 나를 순식간에 집어삼킬 형언할 수 없는 지옥. 어떻게 보시나요, 필라티 선생님?"

"나는 당신만큼 느낄 수 없어요, 리사. 그리고 또한 당신에게 연결될 수도 없어요. 하지만 당신이 그곳에서 경험한 것은 당신의 초기 삶의 이야기에 정확히 들어맞습니다."

"당신의 경험, 당신의 트라우마, 당신의 불안에 상세히 일치합니다."

"당신은 탐색과정의 중요한 기로에 있습니다. 리사, 그리고 이제 막 저장된 트라우마의 가장 깊은 어둠 속으로 침투하려고 합니다. 알다시피, 우리는 잠을 잘 때 잊지 않고 오히려 기억합니다. 깊은 수준에서 말이죠. 이 획기적인 발전을 축하합니다. 말해 보세요, 리사." 그녀가 이제 묻는다. "뭔가 압박감이 있나요, 뭔가에 두려움이 있습니까?" 대답은 즉시 나온다. "저는 오늘 밤 콘서트가 두렵습니다. 아시잖아요. 제 남편을 기리기 위한 콘서트인 것을. 차라리 그것을 피할 수 있다면 좋겠어요. 그런데……."

안나 필라티는 그녀의 말을 중단시킨다. "아니에요, 아닙니다. 피한다고 아무것도 달라지지 않을 거예요. 당신은 당신이 두려워하고 부담으로 느끼는 외부 사건이 무의식에서

심리치료

다시 활성화될 수 있다는 사실을 알고 있잖아요. 그러한 외부 사건이 지금은 콘서트인 것이고, 당신은 지금 그것에 대해 이해할 수 있듯이 두려워하고 있는 것이지요. 그러나 지금 당신은 그러한 부담을 통해서 생길 수 있는 충격적 감정을 알게 되었어요. 그리고 당신이 이제 그것들을 알고 그 이름을 알기 때문에 그것들은 더 이상 당신을 불행 속에 빠뜨릴 수 없습니다. 동화『룸펠슈틸츠헨』을 기억하시나요? 사악한 마법은 올바른 이름을 알면 해소됩니다. 그리고 리사, 당신은 이름을 알고 당신의 두려움에 이름을 붙일 수 있습니다. 당신은 그것들이 언제, 왜 일어났는지 압니다. 이것이 바로 그것들이 점점 더 많은 힘을 잃고 더 이상 당신을 지배할 수 없는 이유입니다. 콘서트에 가 보세요. 그러면 알게 될 것입니다!"

안나 필라티는 다음과 같이 덧붙인다. "이 꿈을 통해 당신은 버림받는 것에 대한 두려움이 훨씬 더 일찍, 즉 출생 직후에 형성되었음을 알게 되었어요. 꿈에서 잔인한 손이 당신을 길거리로 내던졌죠."

"무의식은 당신의 거의 치명적인 버림받은 느낌의 발생을 의식화되도록 하기 위해서 그리고 그것을 꿈에서라도 재경험하게 하기 위해서 이러한 상징을 찾은 것입니다. 확실히 당신은 난산의 어려운 출생 후 버림받은 것이 확실합니다. 정서적 보살핌이 없는……. 그리고 그것은 신생아에게는 세상으로부터의 방치를 의미합니다. 심각한 트라우마이죠!" 안나 필라티는 수천 킬로미터가 넘는 거리에서 리사의 안도감에 찬 숨소리를 듣는다.

리사가 대화를 마친다. "네, 저는 그럼 가도록 할게요. 필라티 선생님. 고맙습니다."

* * * * * *

여름이 가고, 가을이 가고 그리고 겨울의 절반도 이미 지나고 난 뒤, 리사가 미국에서 돌아온다고 알려 왔다. 일요일 11시로 방문이 예약되었다.

오늘은 온종일 빛이 들어오지 않는다. 엷은 눈보라가 어둠을 조금 밝혀 준다. 이럴 때 안나 필라티는 특히 벽난로의 장작불을 좋아한다. 그녀는 타오르는 불꽃을 바라보며 한 모금씩 커피를 즐긴다. 그녀는 이 고요한 시간을 혼자 누리고 싶다. 그리고 가장 좋을 때는 그녀가 갑자기 깊은 내면의 평화를 느낄 때이다. 그러다 저절로 두 손이 모아지고, 그녀는 기도가 무엇인지 다시금 깨닫게 된다.

이 평화 속에 언제나 머무를 수 있다면 얼마나 좋을까! 우리는 끊임없이, 너무도 빠르게, 이 거의 신성한 '온전한 자기 존재로 있기'에서 급진적인 삶의 무(無) 속으로 찢겨져 나가는 것은 아닐까?

안나 필라티는 불 위에 새 장작을 얹는다. 그리고 모든 불타는 형체가, 심지어 이글거리는 재까지도 다양한 형태로 변형되고 구부러진 후, 불의 요소에 의해 점차 자신의 존재를 포기하는 방식에 몰두하여 바라본다.

그녀는 리사에 대해 생각한다. 그녀는 미국에서 오랜 체류를 마치고 어떤 모습으로 돌아올까? 그녀는 약 9개월 동안 그곳에 있었다. 그녀는 이전처럼 전투적인 탐색자가 될 것인가, 아니면 그 어려운 길에서 지쳐서 더 단순한 해결책을 찾으려 할까?

그녀는 모든 인간의 고유성에 대해 생각한다. 또한 그래서 반복할 수 없고 전이될 수 없는 모든 치료의 고유성을 생각한다.

불꽃은 사그라들 위기에 처해 있다. 그녀가 새로운 먹이를 불꽃에 던져 그것이 즐거운 춤을 계속할 수 있다.

초인종이 울린다. 안나 필라티가 문을 연다. 두 여성은 이미 두 팔을 활짝 펼치며 마주 본다.

"미국에서 돌아온 걸 환영해요, 리사."

"또는 집에 온 걸 환영해요." 리사가 장난스러운 얼굴로 대답했다. 그녀는 재빨리 외투를 벗고 이미 불 앞에 앉아 있다. 그리고 쾌적하게 스트레칭을 한 후 말한다. "당신이 커피를 한 잔 더 만들면 예전과 똑같아질 거예요."

"기억력이 좋군요, 리사."

깊은 한숨을 쉰 다음, 리사가 계속 말한다. "선생님은 저의 천 개의 질문이 있던 종이를 기억하세요? 맙소사, 당신이 얼마나 큰 인내심을 가졌던 것인지!" 그리고 머뭇거리며 덧붙인다. "그리고 제가 얼마나 큰 두려움을 갖고 있었던 것인지!" 그녀는 가슴에 손을 대고 말을 이어 나간다. "자신의 내면에 대한 두려움, 미지에 대한 두려움, 돌아가는 길, 무너지는 것에 대한 두려움, 그리고 그 모든 부분이 다시 통합될 수 없을 것에 대한 두려움이었죠."

그녀는 벽난로 위에 놓인 드러머를 가리킨다. "그리고 이것의 생김새를 보았을 때 저는 죽을 수도 있을 정도로 극심

심리치료

한 고통을 느꼈어요."

"그것은 자유, 내적 해방에 대한 고통스러운 갈망이었죠. 보세요, 이 사람은 다리를 높이 쭉 뻗으면서도 북을 두드리고 생동감 넘치는 활짝 웃음을 짓고 있지 않습니까? 이 사람은 자유로웠고요, 저는 수천 개의 철창 뒤에 앉아 있었어요."

"그리고 지금은 어때요, 리사?"

리사는 대답하기 위해 시간을 들인다. 그런 다음 사려 깊은 미소로 말한다. "네, 비상 착륙이 자주 있지만 지금은 날 수 있어요. 그~러나." 그녀는 말을 늘이고, 끝에는 약간 톤을 올린다. "그러나 모든 충격에서 그리고 더 깊은 원인들을 재경험하고 느낄 때 저는 항상 무언가를 얻었습니다. 깊이에 대해, 활력에서 그리고 삶의 기쁨에서요."

둘은 오랫동안 불을 바라보며 침묵한다. 그러나 침묵 속에서 핵심을 공유한다. 너무 많은 말은 많은 것을 오해하게 되는 확실한 방법일 것이다.

갑자기 리사가 마치 장대한 도약을 하려는 듯 온 힘을 쏟고 있는 것이 눈에 띈다. 그런 다음 그녀는 단호하게 "미국으로 돌아갈 거예요."라고 말한다.

"맙소사!" 안나 필라티는 그것을 예상하지 못했다.

"이 결정은 갑자기 이루어진 것은 아니에요, 필라티 선생님. 이것은 진행되었고, 저는 당신에게 전체 이야기를 말해야 합니다. 이것은 남편을 기리기 위해 조직된 콘서트에서 시작되었어요. 세르게이 라흐마니노프의 피아노 협주곡 3번이 연주되었어요. 필라티 선생님, 저는 이 콘서트에 가서 여러 번 들었지만, 결코 단 한 번도 그날 저녁처럼 그런 소리로 들은 적이 없었어요. 저는 그것을 설명할 수 없습니다. 아마도 이 음악적 경험과 관련해 제 안에서 제 존재 전체를 사로잡는 소망이 생겨난 것 같아요. 그것은 더 이상 잠 속에 빠져들지 않는 것이었어요. 저는 깨어 있고 싶었어요. 모든 것을 더 의식하며 듣도록, 보도록, 이해하도록 말이죠. 제 남편이 제 옆에 아주 가까이 있었어요! 그래요. 저는 그를 가까이에서 느낄 수 있었어요."

이제 그녀는 한동안 침묵하다 천천히 신중하게 이야기를 이어 간다. "정말로, 음악은 영혼을 드러냅니다. 음악에서 영혼은 시간과 공간에서 해방된 어린아이처럼 울고 기뻐할 수 있습니다. 음악은 영혼의 고향이며 영원과 사랑에 대한 비유입니다."

여기 그녀는 행복한 아이처럼 앉아 있고, 손은 무릎에 깍

심리치료

지를 끼고 있다. 그런 다음 반짝이는 표정으로 그녀가 덧붙인다. "하지만 제가 항상 잘 지냈다고 생각하지는 마세요. 여러 날 동안 저는 완전히 길을 잃었습니다. 바닥에 쓰러졌고, 그저 지쳤으며, 저 자신이 싫기만 했습니다. 하지만 이제 저는 그러한 내면의 혼돈에서 빠져나갈 수 있는 방법을 알고 있습니다. 그것에 얼마나 감사한지!"

그녀는 계속해서 말했다. "콘서트 다음 날 저는 정말 좋은 경험을 했어요. 제 친구들은 마리나 델 레이의 바닷가에 삽니다. 혼자 해변을 걷다가 우연히 한 불교 스님과 대화를 나누게 되었습니다. 저는 그에게 말할 만큼 충분히 용감했고, 그는 저를 친절하게 맞이했습니다. 첫 번째 놀라움은 대화가 시작될 때 바로 그가 '저는 세계를 여행하고 강의를 합니다. 하노버에서 막 왔습니다.'라고 한 거예요. 저는 웃어야 했어요. 하노버라니! 그곳은 제가 온 곳이기도 합니다! 우리 둘 다 웃어야 했습니다."

"작별인사를 하며 저는 그에게 제가 가지고 갈 것을 줄 수 있는지 물었어요. 그는 그것에 대해 생각한 다음 마침내 말했어요. '그것은 오직 부처님의 한 말씀일 뿐이겠네요. 모든 악은 오직 오해에서 비롯된다는 부처님의 말씀이요.' 필라티 선생님, 이 문장이 제 마음에 적중했습니다. 바로 제 마음이나 뇌 또는 어디든지, 바로 중심 한가운데에." 리사는 활짝 열린 눈으로 안나 필라티를 바라보고 있다. "모든 불행이 오해에서 비롯된 것이라면 우리 인간은 우리 사이의 오해를 없애기 위해 노력할 수 있습니다."

"그리고 우리가 이 모든 것에 성공하지 못할 경우에도, 우리는 모든 불행은 오해에서 비롯된다는 것을 압니다. 그러나 이때 이 말은 완전히 다른 의미를 가지고 있습니다. 다르게 대처하고, 다르게 살 수 있으며, 더 큰 균형을 이루고, 더 많은 관용과 공감으로 살 수 있다는 것입니다. 그리고 이 모든 것이 필연적으로 세계에 더 많은 평화를 가져다줄 것입니다. 동의하시지 않나요, 필라티 선생님?"

안나 필라티가 침묵하고 있으므로 리사가 이야기의 실마리를 다시 잇는다.

"제 전체 인생사, 특히 어린 시절이 부처님 말씀에 의해 변화되었습니다. 또한 저의 아버지와 어머니는 그들 자신과 환경에 대한 진정한 오해 속에서 살았습니다."

그녀는 긴장을 풀고 등을 뒤로 기댄다. 그리고 깜박이는 불을 응시한다. 그럼 다음 계속한다. "필라티 선생님, 이 경험을 한 후 저는 오랫동안 바다에 머물며 물과 하늘이 하나가 되는 끝없는 공간을 바라보았습니다. 그리고 나서 제 안에서 말로는 표현하기 힘든 일이 일어났어요. 저는 평화와 사랑의 놀라운 상태로 떠올랐습니다. 오직 단 한 순간이었지만. 다른 말로는 표현할 수 없습니다. 그것은 제가 지금까지 살아온 그 모든 것과 다른 것이었고, 다시 한번 경험하고 싶은 동경을 남겼습니다. 그러다 갑자기 친구들의 다정한 제안을 받아들이고 그들과 좀 더 오래 함께 사는 것을 결심하게 되었어요. 저는 그 고요함 속으로 들어가고 싶습니다. 그 평화와 사랑의 상태에 더 가까이 다가가기 위해서이죠. 그리고 그것을 저는 끝없이 광활한 바다 근처에서 가장 잘할 수 있습니다. 그곳에서 저는 많은 시간을 혼자 보낼 수 있고 동시에 사랑하는 사람들과 친밀하게 함께 있을 수 있습니다.”

그녀는 심호흡을 한다. 그녀가 결론을 내리려 한다는 것을 느낄 수 있다. “저는 여기 제 집을 친구들에게 맡길 거예요. 그러면 새 시작을 위한 준비가 모두 된 것입니다.”

안나 필라티는 리사가 그녀에게 그렇게 많은 기쁨과 새 출발의 설렘을 가지고 공유한 것들로부터 깊은 감동을 받았다. 그래서 이렇게 말한다.

"당신은 독수리예요, 리사. 날아오르세요! 제 생각이 당신과 함께합니다." 리사가 일어나서 안나 필라티의 손을 잡는다. "우리는 서로를 잃을 수 없습니다, 필라티 선생님."

안나 필라티는 두 손으로 리사의 머리를 감싼다. "리사, 이 우주에서 잃어버릴 것은 아무것도 없습니다."

리사가 사려 깊게 반복한다. "……잃어버릴 것은 아무것도 없습니다." 그리고 안나 필라티에게 돌아서서 말한다. "위안이 되는 작별의 말이에요."

그런 다음 그들은 둘 다 집에서 나와 오래된 조약돌 길을 건너 리사의 작은 차가 있는 곳으로 걸어간다. 그리고 리사는 차를 몰고 그곳을 떠난다.

* * * * * *

"우리는 우주 여행을 꿈꾼다. 그런데 우주는 우리 안에 있지 않는가? 우리는 우리 마음의 깊이를 모른다. 안으로 신비한 길이 이어진다. 영원의 세계가, 과거와 미래가 우리 안이 아니라면 어디에도 없다. 바깥 세계는 그림자의 세계이며 빛의 영역에 그림자를 드리운다. 지금은 우리에게는 내면이 너

심리치료

무 어둡고 외롭고 형태가 없는 것처럼 보이지만 이 어둠이 끝나고 그림자의 몸이 사라지면 완전히 다르게 보일 것이다. 우리는 그 어느 때보다 더 많이 즐길 것이다. 우리의 영혼이 그동안 결핍을 겪었기 때문이다."(Novalis, Blossom Dust, 16)

저자 소개

안네리제 우데-페스텔(Anneliese Ude-Pestel)
사립 상담센터를 운영하는 정신분석적 심리치료자로, 수년 동안 로스앤젤레스의 아서 야노브(Arthur Janov)의 초기치료연구소에서 일했다. 그녀의 책『베티, 아동심리치료 프로토콜(Betty. Protokoll einer Kinderpsychotherapie)』(한국판:『놀이치료로 행복을 되찾은 아이, 베티』)은 이제 고전이 되었고, 수많은 언어로 번역되었으며, TV에 방영되기도 했다. adlibri 출판사에서 출간된 안네리제 우데-페스텔의 다른 책으로는『아메트, 아동심리치료 이야기(Ahmet. Geschichte einer Kindertherapie-Gegenwart, was ist das? Therapeutische Skizzen)』(한국판:『놀이치료·아동심리치료로 행복을 되찾은 아메트』)가 있다.

역자 소개

오현숙(Oh, Hyunsook)
독일 프랑크푸르트 대학교(J. W. Goethe University Frankfurt/M)에서
심리학 전공으로 학부, 석사 · 박사 과정을 마쳤다. 1999년에 동 대학교
에서 임상 및 상담심리로 박사학위를 취득했다. 1999년부터 2001년까지
프랑크푸르트 대학병원 아동 및 청소년 정신병원에서 연구원으로 대규
모 신경심리 연구와 심리평가 업무를 수행하였으며, 귀국 후에는 2년여
간 심리치료자 및 연구소장으로 활동했다. 2010년도에는 세인트루이스
의 워싱턴 대학교(Washington University in St. Louis)에서 교환교수로
있으면서 C. R. 클로닝거(C. R. Cloninger)의 행복심리치료(Well-being
Psychotherapy; Coherence Therapy)를 연구했다. 한국심리학회 및 한
국임상심리학회 정회원이며, 한국여성심리학회 회장 및 한국문화및사
회문제심리학회 회장직을 역임했다. 2004년부터 한신대학교에서 교수
로 재직 중이다.

[주요 저 · 역서]
심리치료 스케치: 과거로 지어진 현재(역, 학지사, 2021)
대인관계 능력 및 리더십 향상을 위한 집단코칭(역, 학지사, 2019)
FACT−II(개인적응형 주의력검사) 전문가 지침서(인싸이트, 2016)
놀이치료 · 아동심리치료로 행복을 되찾은 아메트(역, 학지사, 2014)
TCI, 기질 및 성격검사: 유아용, 아동용, 청소년용, 성인용(공저, 마음사
    랑, 2007)
놀이치료로 행복을 되찾은 아이, 베티(역, 학지사, 2005)

불안의 시작과 끝
-심리치료 초상: 리사 이야기-
Lisa. "Wohin mit meiner Angst?": Porträt einer Psychotherapie

2022년 11월 15일 1판 1쇄 인쇄
2022년 11월 20일 1판 1쇄 발행

지은이 • 안네리제 우데-페스텔
옮긴이 • 오현숙
펴낸이 • 김진환
펴낸곳 • (주)**학 지사**

04031 서울특별시 마포구 양화로 15길 20 마인드월드빌딩
대표전화 • 02-330-5114   팩스 • 02-324-2345
등록번호 • 제313-2006-000265호

홈페이지 • http://www.hakjisa.co.kr
페이스북 • https://www.facebook.com/hakjisabook

ISBN 978-89-997-2783-2 03180

정가 13,000원

출판미디어기업 **학 지사**

간호보건의학출판 **학지사메디컬** www.hakjisamd.co.kr
심리검사연구소 **인싸이트** www.inpsyt.co.kr
학술논문서비스 **뉴논문** www.newnonmun.com
교육연수원 **카운피아** www.counpia.com